特色学校聚焦丛书　**丛书主编　杨四耕**

童味正醇
特色学校的文化图谱

郑仕林◎著

华东师范大学出版社

图书在版编目(CIP)数据

童味正醇:特色学校的文化图谱/郑仕林著. —上海:华东师范大学出版社,2019
 (特色学校聚焦丛书)
 ISBN 978-7-5675-8944-5

Ⅰ.①童… Ⅱ.①郑… Ⅲ.①小学教育-研究
Ⅳ.①G62

中国版本图书馆 CIP 数据核字(2019)第 156091 号

特色学校聚焦丛书
童味正醇:特色学校的文化图谱

丛书主编　杨四耕
著　　者　郑仕林
策划编辑　刘　佳
项目编辑　林青荻
特约审读　王　睿
责任校对　王婷婷
装帧设计　卢晓红　刘怡霖

出版发行　华东师范大学出版社
社　　址　上海市中山北路3663号 邮编 200062
网　　址　www.ecnupress.com.cn
电　　话　021-60821666　行政传真 021-62572105
客服电话　021-62865537　门市(邮购)电话 021-62869887
地　　址　上海市中山北路3663号华东师范大学校内先锋路口
网　　店　http://hdsdcbs.tmall.com

印 刷 者　上海展强印刷有限公司
开　　本　787×1092　16开
印　　张　13.25
字　　数　204千字
版　　次　2019年8月第1版
印　　次　2019年8月第1次
书　　号　ISBN 978-7-5675-8944-5
定　　价　39.00元

出 版 人　王　焰

(如发现本版图书有印订质量问题,请寄回本社客服中心调换或电话021-62865537联系)

丛 书 总 序

好学校的性格色彩

这些年,我与中小学、幼儿园有许多"亲密接触"。从这些学校中,我发现了一个"秘密":好学校总有自己的性格色彩,总有自己的精神属性。

好学校有丰富的颜色

好学校一年四季都有风景。春天,你走进它,有各色花儿,红的像火,粉的像霞,白的像雪;夏天,你置身其中,绿草茵茵,就算骄阳似火,也有阴凉;孩子们可以踢球、打滚,可以任性;秋天,你老远就可以看到,枫叶红了,橘子黄了,婀娜多姿;冬天,你靠近它,香樟绿环绕着你,垂柳枝笼罩着你,你不会觉得单调。当然,环境的价值不在于"装扮",而在于让心灵沉静,让生命多彩。它是生命哲学的演化,是内心深处的讴歌与赞美。法国思想家卢梭说教育的核心是"归于自然"——回归"自然状态",回归人之原始倾向。善良总存在于纯洁的自然之中。好学校总是拥有自然的纯净与原始美,它努力让孩子们与美好相遇。静谧、美好——好学校是温润的。

好学校有足够的成色

成色是衡量一所学校教育境界的一个指标,是一所学校的"育人"含金量。如果一所学校的含金量定位为考试成绩,它的成色就是混浊的;如果一所学校的含金量定位为立德树人，它的成色就是清纯的。黎巴嫩诗人纪伯伦说过："我们已经走得太远，以至于忘记了为什么而出发。"教育是为着我们不曾拥有的过去，为着我们不曾经历的当下，为着我们不曾想到的未来。教育之原点在激发想象，而不仅仅是学习知识；教育之原点在发展理性，而不仅仅是讲授道理；教育之原点在鼓励崇高，而不仅仅是理解规范；教育之原点在丰富经历，而不仅仅是掌握技艺；教育之原点在温暖心灵，而不仅仅是强化记忆；教育之原点在强健身心，而不仅仅是发展智能；教育之原点在点亮人生，而不仅仅是预知未来。回归原点，是好学校的立场。不功利——好学校是纯粹的。

好学校有优雅的行色

优雅是让人向往的，有来源于生命本身的气质。每一个人都行色匆匆，孩子们被课业压得喘不过气来，教师被成绩比较而形成优劣阵营，这样的学校就不会是一所好学校。什么是好学校？孩子们表情舒展，教师们精神敞亮——每到一所学校，我总喜欢以这样的眼光去观察师生的生命状态。我发现，在好学校，孩子们的脸总是明晃晃的，有美好期待；教师的行色总是从容优雅，有专业自信。女孩子沁人心脾，男孩子风度翩翩，生命在人性层面焕发出动人光彩。一句话，每一个生命都自然而然地生长，这里有一种难以言说的气息在校园里弥漫开来、传播出去。面对此，我只能说：好学校是舒展的。

好学校有鲜明的特色

办学特色是一所学校整体呈现出来的系统性特征，集中表现在基于学校文化的课程体系。学校办得好不好，不在于规模有多大，而在于特色是否鲜明，是否有足以体现自己文化的课程架构。好学校行走在有逻辑的课程变革之路上，努力让学校课程富有倾听感，关注学生的学习需求；拥有逻辑感，建构严密的而非拼盘的课程体系；嵌入统整感，更多地以整合的方式实施而非简单地做加减法；饱含见识感，以丰富学生的学习经历为取向；提升质地感，课程建设触及课堂教学变革，课堂教学呈现出新的文化样态。一句话,好学校课程目标突显内在生长,课程内容突出学习需求,课程结构强调系统思维,课程实施张扬生命活性,课程评价与管理彰显主体向度。好学校关注学习方式的多变性和场景性,学习时间的灵活性和可支配性,学习空间的多元性与舒适性,学习资源的丰富性和易得性,让所有的时空都成为课程场景,让孩子们学习作品的形成、展示、发布、分享成为校园里最美的景观,让时空展现出生命成长的气息和灵动。是啊,好学校有生命里最美好的记忆。

好学校有厚重的底色

厚重的底色不在于办学时间的长短,而在于拥有强烈的文化自信。进入学校,我喜欢看墙上的"文字"。多年经验告诉我,文化不在墙上,很多时候,墙上的文字越多,学校的文化含量越低。道理很简单,大量文字堆放在墙上,说明这种文化还没有被老师们普遍认同,更谈不上内化于心、外化于行;说明这种文化还缺乏影响力,还没有被大众广泛接受,需要宣示和传播。一所学校是否拥有自己的教育哲学,是否拥有自己的教育信仰,是它"底色"如何的重要侧面。毫无疑问,好学校应该有自己的教育信仰。但是,教育信仰不是文字游戏,不是专家赐予的东西。信仰是从内心深处生长出来的,是从脚底下走出来的,是从指尖流淌出来的,是慢慢地生长、慢慢地走出来、慢慢地流淌出来的东西。唯有"慢慢地"才能"深深地","深深地"才能"牢牢地",扎下根来,进入我们的灵魂,融入我们的血液,成为我们生命的构成,成为我们前行的力量。文化总是无言或少言,但让人作出判断和选择。好学校,你一走进去,一种向往感、追慕感、浸润感便油然而生。因此,好学校是柔软而有力的。

美国思想家梭罗在《种子的信仰》一书中把好学校比喻为"一方池塘",每一个孩子在其中如鱼得水,自由自在,这就是"回归自然"的状态。不是吗?好学校总是这样的——温润、纯粹、舒展、美好、柔软而有力——这也是本套丛书聚焦的一批学校的性格色彩。

杨四耕
2017年11月11日于上海市教育科学研究院

目 录

序言 / 1

第一章 文化乐童

教育原本为了人的快乐而来,为了让人能够从内心到外感都透着舒服,让人能够追求开心与自信的生活方式。这样,我们便感觉人生充满意义,享受的是一种充满乐趣的生活。有这样一所学校:在这里,快乐的心情,是童味;在这里,纯真的童年,是童味;在这里,青春的激情,是童味;在这里,幸福的感觉,是童味……

第一节 文化:儿童立场 / 3
  一、创造属于儿童的生活 / 3
  二、演绎属于儿童的快乐 / 7
第二节 文化:童味自来 / 11
  一、关注儿童的一切可能 / 12
  二、激扬儿童的无限风采 / 26

第二章 管理馨童

儿童是快乐的使者,有着爱己及人的天性,对规则的遵守自有其道。当学校管理和善而坚定地支持儿童的发展,就能助力他们当家作主,提高独立生活与协作奋进的能力,释放天真烂漫的魅力。有这样一所学校:我在阳光下关爱,你在原野上播种,他在心田里驰骋。因为:童味在这里,世界依依,笑脸灿烂;童味在这里,人生蜜蜜,身心绽放。

第一节　管理:儿童立场 / 37
　　　　一、焕发儿童主人翁精神 / 37
　　　　二、挥洒儿童小主人味道 / 41
第二节　管理:童味自来 / 45
　　　　一、经营儿童的温馨家园 / 45
　　　　二、培育儿童的美丽推手 / 48

第三章　教师悦童

一个孩子就是一粒种子,一旦获得适宜的阳光雨露,就能茁壮成长。教师就是孩子们的阳光雨露,以一颗永远年轻的心,走进孩子们的心灵,去理解他们,热爱他们,千方百计地为他们着想,成为一个饱含童味的大儿童。到了这样的学校:你看,每个孩子的个性正飞扬;你听,那时刻即来的花开声音;你找,幸福是多么熙熙攘攘。

第一节　教师:儿童立场 / 65
　　　　一、向儿童学习的领路人 / 65
　　　　二、向儿童奋进的先行者 / 68
第二节　教师:童味自来 / 86
　　　　一、让儿童喜欢的探究心 / 86
　　　　二、让儿童敬服的专业力 / 96

第四章　课程美童

学习课程犹如学习童话，充满诗情画意，这对于儿童成长来说具有重大的价值与意义。因此，当我们把课程当作童话来描绘时，学生就能在喜爱与迷恋童话般的课程学习中健康、快乐、和谐地成长，留下一生温暖的记忆。有这样一所学校：它的课程，是拥抱童心的阳光味；它的课程，是发现童趣的花草味；它的课程，是描绘童彩的缤纷味。

第一节　课程：儿童立场 / 105
　　一、建设儿童的适应性课程 / 105
　　二、创生儿童的暖心课程 / 109
第二节　课程：童味自来 / 113
　　一、丰富儿童的成长经历 / 114
　　二、增长儿童的多样才干 / 124

第五章　课堂趣童

教育就是要呵护儿童的天性，引领他们发展童趣，能够"张目对日，明察秋毫"，尽显儿童的稚气与天真，能够"见藐小之物，必细察其纹理"，尽享世界之妙。于是，哪怕一个小小的课堂，也是一片童趣盎然的天地。在这样的学校：童味，一如春风，吹开遍野小花；童味，一如绿荫，舒缓满身疲惫；童味，一如暖流，淌甜一生记忆。

第一节　课堂：儿童立场 / 139
　　一、让儿童享受学习乐趣 / 139
　　二、为儿童追求趣生课堂 / 143

第二节　课堂：童味自来 / 145
　　一、与儿童一起同欢共乐 / 145
　　二、随儿童一道生智扬采 / 158

第六章　德育臻童

儿童是具有主体性的人，他们有内在的能动性，有自身的潜能。站在儿童立场上，怀童心之德育，行童味之德育，儿童才是真正的儿童，在一言一行中展现出主动发展的风采，在一举一止间绽放出积极向上的品格。就是这样的学校：欣赏的童味，在孩子的心灵处共鸣；支持童味，在孩子的困难中坚定；理解的童味，在孩子的磨砺里演绎。

第一节　德育：儿童立场 / 173
　　一、引领儿童的德行养成 / 173
　　二、助力儿童的向美生长 / 176
第二节　德育：童味自来 / 183
　　一、活化儿童的成长姿态 / 183
　　二、催生儿童的向上风貌 / 192

后记 / 197

序 言

我很高兴为仕林校长的《童味正醇：特色学校的文化图谱》作序。仕林 1989 年与我一同进入乐清师范学校读书，在那里我们有过两年的同桌之谊。后来，我们一起加入杨四耕先生课程研究团队，十年坚守，十年进取。我很荣幸见证了仕林在学校管理领域中长期不断的耕耘过程，本书就是他八年来的研究总结。1998 年开始我一直关注并践行教育对每个生命个体尊重的基本理念，认为教育从宽度上看就是拓宽孩子的视野。看到仕林校长也一直立足儿童立场，打造了一所童味十足的"翁垟二小"，我感到非常欣慰，也为他骄傲！

温州教育改革已经进入历史性的关键时期，三线城市办一流教育需要一批优秀的学校管理团队，而学校的灵魂人物校长是学校师生心中的那颗"定心丸"。当前，党和政府高度重视教育问题，相继出台了多项政策，从不同侧面推动教育问题的有效解决。一系列政策的落实面前，活跃着众多的学者和研究团队。仕林校长和他的老师们让孩子站在学校课程最中央这样的思维与实践，正是当下温州教育需要确立的学习榜样。今天，他们研究的童味教育以文化乐童、管理馨童、教师悦童、课程美童、课堂趣童、德育臻童六个维度展现长期以来对教育的基层思考。每一个篇章都有清晰且深入的想法、有趣的情景重现和案例分析，也包括应对困难问题的实际技巧。这样的研究成果带给我们许多启示。

爱儿童，是刻在身上的规矩。当别人将善良表现给人看时，我们应当将仁爱藏在心里。不要因为教育中的一些事做不到，我们失去教书的自信，而恰恰是因为我们失去了自信，才让教育中的一些事难以做到。

小目标，在我们弯腰就能拿到的地方。教育的价值不在于争论出谁的办学方式更好，而在于你最终是否达到自己的目的。这个过程中的许多可以唾手可得的美妙之处,会被许多外行人无情抛弃。

有真情,谦卑育人。有些人就像"垃圾车",他们到处跑来跑去,身上充满了沮丧、愤怒、妒忌、贪心、怨言、算计、仇恨、报复。生气是教育人的大忌,冷静地处理问题才是底气,有时候我们代表的不仅是自己,还代表背后一个群体的形象。

研究不停,奋斗不止。真诚希望仕林校长和他的团队不断出新,为基础教育做更多有力的支撑。

潘春波
教授、浙江省特级教师、名校长
2018年7月于杭州

第一章 文化乐童

教育原本为了人的快乐而来，为了让人能够从内心到外感都透着舒服，让人能够追求开心与自信的生活方式。这样，我们便感觉人生充满意义，享受的是一种充满乐趣的生活。有这样一所学校：在这里，快乐的心情，是童味；在这里，纯真的童年，是童味；在这里，青春的激情，是童味；在这里，幸福的感觉，是童味……

在这里,快乐的心情
是童味
在这里,纯真的童年
是童味
在这里,青春的激情
是童味
在这里,幸福的感觉
是童味

拥抱童味
生命激情永远在身边
演绎童味
幸福快乐永远驻心间
释放童味
从此,幸福熙熙攘攘
从此,快乐永永久久

第一节 文化：儿童立场

精神上愉悦，心灵上满足，人的成长之路便充满快乐。快乐的多少、大小、长短、深浅，随着我们的日常生活而变化。教育原本是为了人的快乐而来，为了让人能够从内心到外都感到舒服，让人能够追求开心与自信的生活方式。这样，我们便感觉人生充满意义，享受的是一种充满乐趣的生活。

一、创造属于儿童的生活

儿童立场文化范式的建构，从理论维度讲，儿童立场文化就是建构一种发现儿童成长密码和引领儿童快乐成长的文化，具有焕童心、悦童性、扬童采的特征；在其实践路径上，我们应基于儿童立场，以焕发童心的教育教学活动，引领儿童展现自己独特的创造性、独特的思维力；以悦纳童性的教育教学活动，引领儿童释放自己独特的天性、独特的智慧；以激扬童采的教育教学活动，引领儿童探索无边的世界、发现无限的可能。

（一）为儿童，发挥文化价值

文化为人服务，人又创造文化。为儿童，我们要积极建设基于儿童立场的学校文化，满足儿童的发展需求，并引领儿童创造属于他们自己的生活方式。

其一，尊重与呵护：让童味持续弥漫。尊重与被尊重是教育的题中之义。尊重儿童,呵护儿童,顺应儿童的天性,才能够促使儿童在天性获得充分发展中健康成长。儿童一旦被尊重被呵护,潜能便不断地释放,成长的过程便充满自信与阳光。

在《种树郭橐驼传》中,唐代文学家柳宗元提出"顺天致性"的发展观,主张顺应事物的天性,使其良好本性获得充分发展。尊重与呵护树木的天性,相信每一粒种子、每一棵树苗都有长成参天大树的潜质。人的教育也是这样。教育以"顺木之天,以致其性"的方式进行,就能使人的潜质和天性获得正常发挥。我们教育者按照儿童身心发展的规律,按照儿童学习的规律,就能引领小树般的儿童以自己的方式茁壮成长。

"大自然希望儿童在成人以前就要像儿童的样子。如果我们打乱了整个次序,就会造成一些早熟的果实,它们既不丰满也不甜美,而且很快就会腐烂。"卢梭如是说。为儿童,就是让儿童以儿童的方式学习生活,就是让儿童以儿童的样子长高长大。当学校倡行儿童立场的教育,教师像个大儿童,努力发展自己,在树己中树人,儿童则以多姿多彩的童样幸福地成长。如此,学校文化持续弥漫的是甜润可人而又生机盎然的童味。

其二,发现与唤醒:让童采持续绽放。每一个人都是独特的生命个体,在共性中洋溢着个性。苏霍姆林斯基曾说:"世界上没有才能的人是没有的。问题在于教育者要去发现每一位学生的禀赋、兴趣、爱好和特长,为他们的表现和发展提供充分条件和正确引导。"发现儿童,理解每一个儿童的独特与价值,让他们每一个人充分展现各自的禀赋、兴趣、爱好和特长,为他们持续绽放儿童独特的风采而提供充分条件与正确引导,是儿童立场的学校教育的使命。

本着发现儿童的心怀,我们教育者就能够在与儿童相处的时光里,蹲下身子,走进儿童,与他们交心,读懂他们成长的妙秘,设计他们喜闻乐见的教育教学活动,遵循寓教于乐的原则,把培养他们的学习兴趣放在首位,运用他们喜爱的儿童化的多样方式,引领他们兴致盎然地学习,展现他们独具魅力的风采。

雅尔贝斯说:"教育的本质是唤醒。教育,意味着一棵树摇动另一棵树,一朵云追逐另一朵云,一个灵魂唤醒另一个灵魂。"每一个儿童都有自己的需求,都有自己的特性,更有自己的潜能。基于儿童立场的教育,更应该以唤醒的方式进行,让每一个儿童的生命灵性与欲求得以唤醒,让每一个儿童无限的潜能得以唤醒,进而充分发挥天性中最优美最灵性的能量,大胆地去追寻与展现自我,充分发展各种能力,绽放丰富而独特的风采。

(二) 为儿童,吸纳文化经验

学校文化建设是一个系统过程,学校方方面面的工作推进过程,都是其文化生成的过程。如何建设一所学校的文化,涉及学校工作的方方面面,精神的、物质的、制度的、团队的、课程的、教学的、德育的等等。为儿童,建设适合并引领儿童健康快乐成长的学校文化,应广泛吸纳已有的经验,并校本化地运用之。

其一,在审视中进行文化基础分析。一所学校文化的建设是在传承与创新中进行的。基于已有的文化传统,学校进行新的发展创新,才能逐步生成新的文化,厚实学校的文化内涵与外延。因此,审视学校文化已有的发展基础,是学校建设文化的前提。

分析学校发展的基础,可以从两方面进行,一是从文化之人的角度进行分析,一是从文化之事的角度进行分析。

从文化之人的角度,就是对学校的教师、学生和家长三大主体进行文化发展分析。就教师而言,他们开展教育教学的生活方式是怎样的,每一天,每一周,每一月,每一学期,每一学年都在做什么,他们是如何进行课程建设的,是如何进行课堂教学的,是如何开展德育工作的等等,这些方面的工作优势在哪、劣势又在哪。就学生而言,他们在校的学习是以怎样的方式进行,一日生活,一周生活,一月生活,一学期生活,一学年生活是怎样的姿态,他们如何进行课程学习,如何参加德育活动等等,闪光点在哪,不足点又在哪。就家长而言,他们如何参与学校的各项事务,如何参与班级的各项事务,如何与教师一起携手培养自己的孩子,一天天,一周周,一月月,一年年是怎样融入学校教育之中的,已做得好的有哪些,做得不好的又有哪些。

从文化之事的角度,就是对学校开展的教育教学及其活动进行文化发展分析。在学校的课程建设、课堂改进、德育优化、管理增值等学校各项工作方面,我们都应该分辩这些学校事件的优劣,厘清其亮点与不足,理清学校文化发展的主要问题所在。如此,从学校成事的角度进行分析,就能很好地把握其文化发展基础。

其二,在设计中进行文化体系建构。顶层设计是对学校文化进行系统建构的过程。学校文化建设要想在已有的发展基础上进行创新,就需要对学校的文化体系以顶层设计的思维进行建构。

一般地说，学校文化的顶层设计大致包括以下板块内容：学校文化发展的基础与问题，学校文化发展的理念与目标，学校文化发展的行动与策略，学校文化发展的评价与保障。基础与问题板块是分析，学校文化已经发展怎样的程度与面对怎样的挑战。理念与目标是确定学校文化建设的指导思想与将进一步发展到怎样的程度。行动与策略是分解学校文化建设将采取哪些具体的行动以及相应的具体策略。评价与保障是对学校文化建设将运用怎样的评价体系与保障体系。

其三，在行动中进行文化项目打造。学校文化一般包括物质文化、精神文化、制度文化、课程文化等，相应的，建设学校文化可以从物质、精神、制度、课程等方面设计有关的行动项目。

建设学校的物质文化，主要从校园建筑、学校标识、校容校貌、校园绿化、场地布置、活动仪式等方面着力。一方面，学校的物质文化建设，应讲究环境布局能够使人心旷神怡、赏心悦目，促进人的身心健康发展；另一方面，学校的物质文化建设，应反映学校的教育追求，使其成为学校教育价值取向的依托与载体。

建设学校的精神文化，主要从学校的校风、班风、人际关系等方面进行。学校的一训三风反映的是学校共同体成员的训育条目，是学校显现的整体风气和精神面貌，是教师教育教学的特点、作风与风格的体现，是学生学习生活所表现出来的治学态度和方法以及学习、生活、行为习惯等。学校师生之间、生生之间、师师之间等关系是否和谐融洽，形成一个团结奋进的集体，直接反映出学校的整体精神风貌。

建设学校的制度文化，主要涉及学校的传统、仪式和规章制度。建立其完整的规章制度，规范师生的行为，才可能建立起良好的校风，才能保证学校教育教学各项工作的有效开展与落实。同时，学校制度文化的建设离不开学校组织机构的建设和队伍建设。

建设学校的课程文化，包括学校对国家课程与地方课程所进行的校本化实施，也包括学校基于办学追求而进行的校本课程的特色化开发。国家课程与地方课程的校本化实施，关联的是课堂教学的校本化改进，呈现以校本化的教学模式提高课堂教学质量的做法，同时也关联校本教研的有效操作，呈现的是校本化的教研模式提高教师教学智慧的做法。校本课程的特色化开发，关联的是学校各种活动的设计与开展，呈现的是师生经由这些活动的开展而获得的多样发展。

其四，在提升中进行文化特色锤炼。学校文化是学校共同体成员以校本化的价值观念为核心而建立起来的各种观念、制度与行为方式的集合，这意味着校本化的价值观念的确立，以及随之而来的制度与行为方式的形成，能够凸显学校的文化特色。

随着学校文化建设的推进，确立与明晰学校价值观是锤炼学校文化特色的核心。师生对学校价值的一整套看法及观念，就是学校价值观。不同的学校其师生认可的学校价值观不同，为此，学校师生在建设学校文化的过程中，必须充分认识学校价值观的多样性，从学校自身出发，基于师生对教育的追求，确立师生所认可的学校价值观，并将其一以贯之地演绎于学校教育教学方方面面的工作之中，体现于学校各种文化的建设之中，如此，才能逐步凸显师生所追求的教育价值的文化特色。

二、演绎属于儿童的快乐

学校文化是学校共同体成员基于一定的教育追求并以一定的规范确保其实现而生成的丰富多彩的行为方式的集合，具有校本化的样态。儿童立场的学校文化是一种童年时代弥漫童味的文化，在其生成的过程中，温馨的管理、欢悦的教师、暖人的课程、生趣的课堂、臻美的德育，持续地演绎，显见一校儿童化的至真至善至美。

（一）为儿童，建构文化体系

2010年3月，乐清市翁垟第二小学（简称"翁小"）开启了"童味教育"的探索，至今已有8年之久，一路走来，大家为切身品赏到教育之童味，而欢欣，而鼓舞，快乐着儿童的快乐，美丽着儿童的未来。

其一，翁小"相中"童味教育。时针回到8年前，已建校20余年的翁小，教育教学各项工作取得了长远的发展，特别是经过几年的努力，学校以生命化教育和小班化教育为特色的项目已经逐步形成办学特色，成为学校办学的优势，但同时，由于种种原因，学校仍然存在着一些问题与不足，在教育新形势下面临着严峻的挑战。面对新的教育发展形势，学校要在原有的基础上获得充分发展，首先必须进一步明晰学校可持续发展的方向与策略，发挥原有的优势，以学生的发展为本，从办学理念、培养目标、课程设置、课堂教学、队伍建设等方面,提升学校教育的内涵,并进一步优化办学规模,凸显学校的办学特色。

曾经,教育被视为是成人对儿童的一种塑造过程。基于这种认识,教育过程中,死记硬背、反复训练等灌输式教育方式抹杀了儿童的兴趣,牺牲了儿童的好奇心、想象力与创造力。实际上,儿童内心总是抱着最美好的憧憬进入学校,他们需要的是成功的体验和快乐的满足。但传统的灌输式教育将儿童异化为简单的"知识的容器",扼杀了儿童的天性;儿童的需要和兴趣得不到认识或重视,众多儿童在学校得到的是憧憬的毁灭,失败与失落的体验。

无论是当下学校生存环境的严峻挑战,还是教育内部存在的问题,都使得教育有了自身发生变革的需要。一直以来,翁小以"尊重人性、发展个性、培养灵性"为教育理念,以"学会生存、学会合作、学会学习、学会创造"为培养目标,以"生命化教育、小班化教育"为切入点,以尊重学生差异为增长点,以分层教育为关注点,积极探索适合学校发展的办学理念。我们认为,对儿童的认识如果是浅薄的,那么教育便必然是浅薄的;对儿童的认识如果是深刻的,那么教育就有了成功的基础与可能。也就是说,对儿童的认识程度将制约教育思想的深刻与浅薄,也将制约儿童教育工作的成功,还将制约儿童在受教育过程中的发展。

基于学校一直以来的办学传统,以及我们对儿童教育的探索所达成的共识,在新的教育发展新形势下,在学校需要新的办学思路情况下,我们"相中"了这样的学校教育哲学——童味教育。

其二,翁小"联姻"童味教育。卢梭的教育思想意义被等同于哥白尼发现了"日心说"的意义,这是因为卢梭的教育视野从传统的教育开始转向新的教育——更加关注受教育中的儿童,并要求教育应该遵循儿童的天性,我们称卢梭的教育为自然教育。他在《爱弥儿》开卷即写道:"出自造物主的东西都是好的,而一到了人的手里,就全变坏了。如果你想永远按照正确的方向前进,你就要始终遵循大自然的指引。"除福禄培尔和蒙台梭利等儿童教育家受到卢梭教育思想的影响,美国教育家杜威的儿童中心理论不能不说也受到卢梭教育思想的影响。杜威在反对传统儿童教育理论的基础上,提出并形成了其独特的"儿童中心"的教育理论,其核心是把儿童从传统教育的束缚中彻底解放出来。为使教育内容与儿童的实际生活紧密联系起来,他将儿童的活动经历看作是学生所需的课程,以活动中心的课程盛行起来,为满足儿童的需要与兴趣,"以儿童为中心"代替"以教师为中心"。时至民国,中国也受到杜威教育思想的影响,最为突出的可以说是陶行知的教育思想,其生活教育既有杜威教育思想的影子,也结合了当时中国教育的现实,其充分重视儿童的思想为以后中国教育思想的发展和对儿童的重新认识起到了重要作用。

随着1957年苏联卫星的上天,美国进步主义教育思想受到美国人民的普遍否定,受之影响,儿童中心主义的教育思想也受到信任危机,中国也开始对儿童中心论进行反思。例如,有学者认为:"儿童中心论是西方个体本位论在教育上的体现,适应于经济水平较为发达的西方社会,它在实践中有着与此类社会相适应的道德法律体系的支撑。在中国实践儿童中心论,则可能导致个体本位论的教育与社会本位论的道德法律体系相冲突。"即便如此,在新课程改革的浪潮中,儿童中心论仍在学校中如火如荼地扩展开来。

在继承以前教育思想家的思想,并进行批判吸收的基础上,我们"相中"童味教育,与之"联姻",建构翁小的学校教育哲学,形成其独特的意蕴。

"童味教育"就是基于儿童立场,在教育过程中时时处处体现儿童的意志与可能,让儿童的成长与发展符合其自身需要、兴趣,让儿童像儿童一样,在教育中找到快乐,得到温馨,感受幸福的办学哲学。

在这一学校教育哲学引领下,翁小期望的是精心地为儿童提供一种有准备的环境,充分尊重儿童成长的需要与兴趣,充分发挥儿童活动的自由和学习的主动性,为儿童的身体与心智的成长提供营养。

在这一学校教育哲学引领下,翁小追求的是在教学改进、管理优化、德育建设、课程开发、教师发展、校园文化等工作方面,都体现儿童立场,让儿童成为自己成长的主体,从而健康快乐地成长。

在这一学校教育哲学引领下,翁小倡行的是教育者能够对儿童天性心存敬意,高扬"尊自然、崇天性、尚自由"的人文精神,体现"尊重人性、发展个性、培养灵性"的教育价值。

(二) 为儿童,明晰文化路向

翁小的"童味教育",要求教师遵循儿童天性,也要求教师对儿童进行恰当的引导。

同时，翁小的"童味教育"并不相似于杜威教育思想中特别强调活动课程对儿童生活的重要影响，并未突出直接经验对儿童需要与兴趣的满足。

在具体操作上，翁小"催生"童味教育，有其校本化的文化路向：一是厘定"童味教育"的核心追求，二是确立"童味教育"的践行目标。

其一，翁小基于"童味教育"的核心文化追求。把教育还给儿童，让儿童更像个儿童。翁小以"尊重人性、发展个性、培养灵性"为办学理念，以"善学习、能发展、会健身、有灵性"为培养目标，以"让每一位孩子拥有欢乐幸福的童年"为共同愿景，以"道法自然"为校训，积极探索适合学校发展的文化。我们认为，对儿童的认识如果是浅薄的，那么教育便必然是浅薄的；对儿童的认识如果是深刻的，那么教育就有了成功的基础与可能。因此，对儿童的认识程度将制约着教育思想的深刻与浅薄，也制约着儿童教育工作的成功与否，同时也制约着儿童在受教育过程中能否获得发展。我们认为，成人无法代替儿童的成长，教育过程宜时时、处处体现"儿童立场"，体现儿童的意志与可能。基于学校的办学传统以及我们对儿童教育的认识，我们提出了适合儿童成长并符合我校办学实际的学校教育哲学：童味教育。我们力求把教育还给孩子，让教育更好地适应孩子的天性，让孩子在教育中找到快乐，得到温馨，感受幸福。一句话，就是让教育充满儿童味，让每一个孩子像个孩子，让学校教育回归本真。

把童年还给儿童，让每个孩子更像儿童、玩童、灵童。我们坚信，每一个孩子都有童味，每个学生都是一个潜在的天才儿童，只是经常表现为不同的方式；我们坚信，每一个孩子都有自己的童味，不一样的生命，一样的精彩，一样的童味，每个人都能成为最好的自己；我们坚信，人只有在自由状态才会迸发创造的灵感，童味教育最基本的特征，尽可能要解放学生的思想，不能过多约束和控制学生，要解放儿童的头脑、双手、眼睛、嘴、空间、时间，有了这六大解放，才能丰富儿童的学习经历，创造力才可以尽量发挥出来；我们坚信，智者总是快乐的、幸福的。"童味教育"要让孩子们快乐起来、幸福起来，童味教育要让我校学生更健康、更勤奋、更童味、更幸福。让每一位学生都得到发展，让每一位学生在发展中增长童味。

核心精神：童真、童乐、童趣。关于童真：学校将有效地把学生、教师、家长连成一线，丰富学校课外活动课程，形成一种尊重儿童天性的独特德育网络体系；让学生在活动中获得体验、感悟，获得品德的提升；让家长通过学校的活动，亲子共参与，共同见证孩子的成长。关于童乐：通过精心设计的相关活动，以学校教育哲学为引领，让学校师生积极践行"童味教育"，为创设一种自由、创造、平等的教育氛围而努力，进而促使学校形成一种快乐、开放的文化性格。关于童趣：学校将摸索出一套行之有效的课堂激趣法，形成"童趣课堂激趣N招"，构建"童趣课堂"的评价体系，促使学生能主动地参与课堂教学，在课堂上有充分展示的舞台，有获得成功的喜悦，有积极探索的欲望，使课堂教学变得高效。

校训：大道自然。"大道自然"提出源自于老子的《道德经》，其思想是："道即自然，自然即道"。老子认为"道"是万物之母："道可道，非常道。名可名，非常名。无，名天地之始。有，名万物之母。我们提倡孩子自我学习，作为家长、教师只是学习主体（孩子）的观察者和交流者、学习环境的创造者、学习条件的提供者、学习样板的树立者，顺应孩子生理和意识发展的自然规律，展现多方位的社会状态和自然风貌，开展多触角的艺术熏陶、科技陶冶和社交习得活动，顺势利导引领孩子进入符合孩子发展需要的专业领域，在祥和、宽松、愉悦的状态下自然成长，造就一个身心健康、人格健全的自由人。

其二，翁小落实"童味教育"的主要目标。构建以儿童为本的学校管理制度，带动教师科研、教学能力发展，产生2—3名在区域内有影响的学科带头人以及若干名在校内起引领作用的骨干教师、名教师，造就1—2名有相当造诣的特级教师；搭建"童味课程"框架，建构体现儿童需要的课程文化，将尊重儿童贯穿课堂教学中，并创造快乐学习和高效教学的核心经验，形成学校教学质量保障系统，使教学质量稳步上升；开展"童真德育"研究，建立健全德育教育网络体系，形成学校、家庭、社会三位一体的德育网络；创造充满儿童气息的校园文化。

第二节　文化：童味自来

文化是学校的灵魂。对于一所小学而言，先进的办学理念只能从研究儿童文化中来。只有当教师、学生、家长能够真正理解并认同学校的教育哲学，并在理解的基础上产生行动的意愿,学校的教育哲学才有可能成为价值观引领学校发展。而研究儿童文化的学校教育哲学的演绎,依托的是学校文化的整体建设,见证的是学校文化主体的风采绽放。于是,一所以"童味"表征学校教育哲学的学校,能让满园的童乐扑面而来。

一、关注儿童的一切可能

儿童的成长有着无限的可能性。儿童成长的可能性是多向的,既有积极发展的可能,也潜藏着朝另一个方向发展的可能。人们在认识儿童可能性伟大之处的同时,要警惕儿童可能性的危险之处,唯此,教育才会完整,价值才会凸显。"童味教育"认为,基于儿童立场的教育绝不是对儿童的迁就和放任,而是既关注儿童发展的现实性,又关注儿童发展的可能性,让儿童的可能性有最大的可能存在。翁小以此认识为基础,致力于童味自来的学校文化建设。

(一)为儿童,建设文化项目

翁小践行"童味教育"应做些什么?其践行内容包括五大文化项目:

其一,"童馨管理"——学校管理制度革新项目。根据依法治校、学校新一轮发展的需要,改进对学校全体人员的管理制度是学校实现科学发展,调动全校人员的积极性、主动性和创造性的重要举措。教育中将遵循儿童天性,梳理现有学校管理制度,构建体现教育新理念的学校管理制度。

翁小管理馨童之年度目标

2017学年:进一步完善学校的组织机构,加强学校品牌管理,探索品质学校发展路径。进一步推进现代学校制度,推进管理者队伍建设和学校开放化、民主化、信息化管理。

2018学年：深化人事制度改革，进一步完善奖励性绩效工资制度。推进管理者队伍建设和学校开放化、民主化、信息化管理。

2019学年：继续深化人事制度改革，全面实施教师县聘校用和绩效工资制度，深化团队绩效共担制度。推进管理者队伍建设和学校开放化、民主化、信息化管理。开展好新一轮岗位聘任工作。

翁小管理馨童之办学策略

1. 加强制度建设，融合人本化管理。

制定《教师发展性考核实施方案》，修订《教师奖励性绩效工资方案》，让学校从传统的"人治化"管理走向现代的"制度化、标准化"管理。在加强制度建设的同时，我们也将进一步融合人本管理，为学校创设规范有序又宽松和谐的环境。

2. 完善组织机构，推进扁平化管理。

未来三年，我们将着手建立完善年级组管理委员会，实现管理重心下移，把日常管理、年级组班级文化建设、活动策划、监控、指导和部分评价、分配的权力下放给年管会。

为了让上述改革目标达到预期效果，一是继续培养干部的综合管理能力，并改善培养方法，加大指导力度。培养管理人员多角度、综合化思考问题的习惯。二是使管理重心进一步下移，向中层和基层授权，激活成员活力。通过权、责、利的下移，从而使中层和基层组织在形态、工作方式和功能上都呈现出新的情形。三是建立以部门负责人负责制为主的考核评价机制。

3. 提高管理效能，推进数字化管理。

推进数字化管理首先是当下互联网社会的发展所决定的。继续改进学校网络平台，实现数字化管理。在后勤报修、教科工作记录、短期培训统计、教师获奖统计等实现无纸化办公的同时，拓展流程审批、教学与德育等其他部门工作的无纸化办公；在引进借鉴外来成熟移动终端平台基础上，不断完善学校数字化资源平台，实现资源共享。

4. 家长参与管理，实现开放化办学。

我们将进一步完善"家长委员会"制度，通过强化家长委员会的职能，提高家长在学校管理中的参与度和决策权,通过义工团、爸妈课程等方式,吸引家长积极投入学校管理,进一步促进家长之间教育方面的交流,不断提升家庭教育的技术和理念,让家长资源主动成为学校教育和管理的新资源。

5. 完善监督机制,走向民主化管理。

实现教育民主化,必须走学校管理民主化的道路,这是现代教育社会化的必然趋势。未来三年我们将以"发展性学校评价"制度的实施为契机,建立学校自我评价、自我反馈、自我监督机制;建立和完善民主推荐和民主评价干部制度,推选组建学校学术委员会,把学术评价权和教学质量评价权交给教学专家;完善家长委员会,把学生的生活服务决策权和家长信息收集、家长管理权交还给家长;建立岗位服务满意率评价制度,把班主任工作评价权交给家长,把干部评价权交给老师,把教学评价权交给家长和学生。

6. 积极争取支持,彰显开放化办学。

当前教育发展主流是教育的交流与合作,特别是学校要具有一定的国际视野。学校一方面要开放办学,利用现有的各种优质教育资源,加强与省内名校乃至长三角优质小学的交流与合作,学习他人先进的办学经验,同时也推广学校的办学特色。学校积极做好教育联盟牵头学校的工作,开展好联盟校的校本研修、课程建设、管理共进等方面工作。

其二,"童心教师"——教师专业成长修炼项目。开展"童心教师"修炼工程,教师从精神、形象、语言、技能、师德到文化等方面要体现儿童立场,从而培养教师在学校新理念下的职业认同感、宽厚扎实的文化底蕴、较强的学科素养和较高的教学智慧、较强的课程开发和教学科研能力、较强的团队合作意识和高尚的品德。

翁小教师悦童之年度目标

2017学年:完善梯队。着力打造三支骨干队伍,一是进一步推进名师队伍建设,争取在区级"三坛"评选中有2名教师跻身其中。二是建成一支以市、县级课题负责人为骨干的教育科研队伍,以此带动其他教师的科研意识和科研能力稳步提高。三是建设教研组长队伍,提升教学第一线领头羊的教育教学能力,营造教研组研修文化,提升青年教师教学能力。

2018学年:丰富内涵。通过课堂教学研讨以及教育教学理论的学习,进一步提升教师教学素养。同时,扩大学校名师队伍,争取在市学科骨干教师评选中,有更多的教师入围,新增1—2位高级教师。

2019学年:提升品质。通过三年努力,争取让教学反思、研究成为教师常态教学生活方式,使更多的教师具备良好的教育科研意识,会以研究的眼光来思辨课堂教学。争取有教师进入市级第三批名师评选。

构建三个"三位一体"教师发展策略:

1. 学习、实践、研究三位一体。倡导教师学会反思,学会学习,改善实践,促进自我层面的发展。

2. 自我反思、同伴互助、名师引领三位一体。促进教师群体协助,建立教师共同体,使教师发展不再孤独、不再封闭。

3. 管理保障、课题带动、文化浸润三位一体。创造教师发展良好的环境因素,以管理定规范、课题为主线、文化以滋养。

翁小教师悦童之办学策略

1. 关注教师个体成长,推进教师专业实践。

(1) 以"教师专业成长路线图"驱动教师专业发展。

未来三年,我们将进一步深化教师个人专业发展规划的制订。从纵向(发展等级)、横向(规划所涉及到的主要方面)两个方面引导教师制订"教师专业成长路线图",帮助教师找到自己的"最近发展区",明确内心真实的职业愿景,提出不同阶段的目标。

(2) 强调教师日常的、经常化的实践与反思。

实践是教师成长的基本途径,对实践的反思则是教师实践能力与综合素养提升的催化剂。因此，我们强调教师日常教学实践与反思，要求把"研究"渗透于实践之中，同时，在实践基础上，建议教师从"对现行的行为观念解剖分析，立足于自我以外的多视角、多层次的思考，在典型的剖析反馈中反省检查自己"等几个维度反思自己的教育教学行为。

引导教师通过个人专业发展档案的建立，看到自己是如何通过渗透于日常的研究性变革实践逐步成为一个自主自觉的探究者和创造者。"教师个人专业发展档案"关注以下内容：自己的发展方向、学习卡片、自己研究的领域、自己专业发展影响较大的关键事件、教育教学过程中难忘瞬间、难思困惑、难解矛盾、难说看法等。

(3) 为教师发展提供更多智力背景和支持系统。

未来三年，我们将进一步完善"师徒结对"工作，引导新老教师建立新型合作关系。启动名师孵化工程，积极开辟学校各项资源，采取"请进来教"、"送出去学"、"实践中练"的方法，引导骨干教师向专家名家学习，现场体验和感受名师的教学风范和研究高度，进行"零距离"接触和面对面交流。学校将进一步推进"悦读计划"，要求教师在全面学习、提高整体文化素养的基础上，阅读教育名著，让专家引领教师的教学实践，阅读文学经典书籍，夯实教师的文化功底。不断打造"童味讲坛"活动，搭建教师思想交流的舞台，促进教师理念的更新。

2. 打造多元发展团队，实现教师同伴互助。

教师成长除了个体的自我发展，更需要在团队中成长，所以同伴互助、名师引领尤为重要。三年中，我们将促进教师群体协助，建立教师共同体，使教师发展不再孤独、不再封闭。我们将继续加强教师间的交往、互动和合作，让教师在专业争论中畅谈自己的思想观点，在理念碰撞中发现别人的真知灼见，在深度会谈中找出阻碍团队进步的消极因素，依靠集体智慧来加以解决。为此，我们将继续探讨同伴互助的有效形式，指引教师平等对话，精诚协作，相互促进，在团队中共同成长。除了大家熟知的集体备课、以优带新、课例引领等形式外，我们将通过反思互动、案例评析、定向研讨、临床诊断和沙龙会谈等活动来加强教师间的同伴互助。

(1) 主题教研，交流互动。

学校继续加强教研组建设，教研组申报主题教研，制订改进措施，完善教学实践，提高教学效率和质量。每个成员都要精心设计教案,与其他成员一起研究讨论教案的可行性,共同修订教案。实践中,加强教学前反思,重点研究学生的个体差异和课程资源的开发利用;加强教学中反思,重点研究教学过程与效果,分析学生在学习过程中对知识的掌握情况和出现的问题,对教学问题的调控措施及效果进行分析,总结自己满意的教学技艺并机智教学。促进教师在团队活动中提高教学水平。

(2) 优化形式,灵活组织。

继续完善符合我校实际的校本研修模式。把"优秀教研组创建"、"教研组专题研究"、"微课研修"、"童味讲坛"等活动紧密结合起来,丰富校本教研的内容和形式,加强教师之间的相互学习和交流,更新教学观念,改善教学行为,提升教学水平。采取多种形式组织定向研讨活动,提高教师参与教学研究的积极性,同时丰富校本教研的策略和方法。推广"微课"研修活动,将研修的视角细化到教学的细微环节;开展对话式研讨,根据主题开展教研活动,让教师进行对话、研讨,教师把教学中的困惑提出来,相互研讨;开展质疑性研讨,根据预先确定的研讨方向进行质疑性专业辩论、争论,让教师在辩论中进行思想的碰撞、观点的交锋,在争论中辨明真理,认清新课程教学的发展趋向和可行途径。

(3) 专家引领,科学指导。

教师获得专家的专业引领,可以加快自身的专业成长。学校将开展更丰富的研讨交流活动,邀请其他学校的骨干教师、学科带头人参加本校的教学研修活动,相互交流经验,开阔教研视野;邀请专业教研人员参加本校的教研活动,就教学研究的主要问题进行研讨,在专业教研人员的指导下修改教研工作管理措施。

3. 倡导自由宽容氛围,促使更多名师孵化。

三年中,学校将给更多教师表达的自由,以传播其思想和行动;并积极拓展校外各种媒介传播本校教师思想,拓展教师行动的空间,为教师创造在更高层次的公共空间表达的机会;同时鼓励教师在权威性的教育学术刊物上发表论文,鼓励教师投身教育科研,鼓励教师参加各级各类教学展示评比活动,鼓励教师参加各类教育学术组织,鼓励教师攻读大学本科、研究生,鼓励教师著书立说,鼓励教师借助各种媒体展示自己才华,鼓励教师以个人名义举办教学研讨活动。

其三,"童味课程"——学校童话课程开发项目。课程是丰富儿童学习的载体,因此,就课程而言,只有从儿童出发,儿童的学习才更有意义。学校通过"童味课程"建构,让儿童在学习过程中说童史、读童诗、写童言、演童剧、画童心、玩童年,共同享受童年的乐趣,并希望通过这些丰富多彩的体验活动,能满足儿童的需要与兴趣,让儿童体验到学校生活的快乐。

翁小课程美童之年度目标

2017学年:深入学校课程规划,多维整合开发拓展性课程,逐步完善"暖记忆课程框架"。开发并实施好《姆姆农场》《七彩入学课程》《温暖毕业季课程》等课程,力争有1—2个课程成为县级精品课程。构建多彩德育主题活动课程,完成综合实践活动课程校本化体系构建,创新课程主题系列开发。开发35门左右兴趣课程供学生自主选课走班学习。做好《"暖记忆课程"的精细设计》的总结工作,争取有2门课程成为市级精品课程。

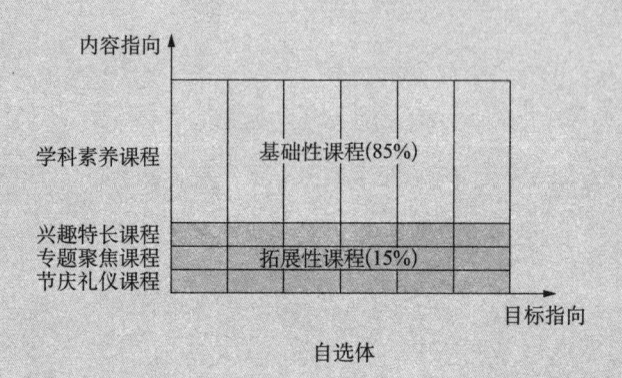

```
          内容指向 ↑
         ┌──┬──┬──┬──┬──┐
  学科素养课程 │   基础性课程(85%)    │
         ├──┼──┼──┼──┼──┤
  兴趣特长课程 │                   │
  专题聚焦课程 │   拓展性课程(15%)    │
  节庆礼仪课程 │                   │
         └──┴──┴──┴──┴──┘ → 目标指向
             自选体
```

2018学年:继续开发3—5门拓展性课程。构建选修与必修相结合的校本课程实施体系。争取有2—3门课程成为市级精品课程。深入探索课程整合工作。

2019学年:打响具有学校特色的暖记忆课程品牌,基本形成适应学校发展特点和学生发展需要的校本课程、综合实践活动课程框架体系。60%教师承担校本课程的开发与实施工作,出版2—3门精品课程成果。

翁小课程美童之办学策略

1. 全面研发暖记忆课程。

学校以"让游戏成为孩子的学习方式"为课程核心理念,充分挖掘县域、学校现有资源,探索开发以孩子"善学习、能发展、会健身、有灵性"为总目标,为孩子的多方面童味发展提供帮助的校本课程。

2. 丰富基础性课程建设活力。

基础性课程教学内容以培养学生核心素养为核心,也注重发展性学力和创造性学力的培养。学校按照教育部的规定开设基础性课程,严格按照国家课程标准实施,但在强调基础性、统一性时,也将对部分课程进行改革,适当调整教学目标、充实教学内容,强化教学要求,加强学科间的横向联系,如课时瘦身、弹性课时、套餐课程开发等,使得基础性课程更加丰富生动,有利于学生的和谐发展。

3. 探索综合实践活动常态化实施。

综合实践活动是基于学生的直接经验、密切联系学生自身生活和社会生活,体现对知识的综合运用的课程形态,在新一轮基础教育课程改革中发挥独特的作用。学校整合德育资源、学科资源,形成三至六年级以"学会关心"为主题的德育类综合实践活动课程和与学科一体化的综合实践活动课程框架,进一步完善"心灵手巧我来秀、身边热点我追踪、校园活动我参与、家政服务我实践"等四大类别综合实践课程的活动内容,形成具有我校特色的综合实践活动课程体系。

其四,"童趣课堂"——快乐教学经验创造项目。开展"童趣课堂"的研究,形成"童趣课堂"的操作体系,从而为儿童提供宽松愉悦的学习环境。同时,加强教学有效性的研究,使学生不仅乐学,而且会学、善学,以提升学校的教学质量。

翁小课堂趣童之年度目标

2017学年：进一步总结和反思新课程改革过程中的疑难问题，深化学科教学研究，完善精讲精练课堂要求。以语文学科为试点学科，开展"学为中心、有效学习"的课堂教学变革项目实践，努力探索能切实变革学与教方式的课堂教学策略；创新教学常规管理。

2018学年：推广语文学科课堂教学变革的成功经验，争取有更多的学科加入课堂教学变革的实践中，尝试在数学学科推行"玩转数学"项目，探索符合学校实际并适应新课程改革理念的课堂教学策略和教学常规管理方法，进一步提升学校教学质量。

2019学年：学校所有学科进入课堂教学变革的实践中，推广"玩转数学"项目实践。总结梳理有助于学生学习力发展、并能实现学与教方式转变的实施策略，形成适应新课程改革的课堂教学新范式；形成与新课程理念相适应的教育教学常规管理体系。

翁小课堂趣童之办学策略

1. 不断完善课堂教学变革制度建设。

在未来三年内，学校将更注重在日常教育教学实践活动中进行对课改新理念的感悟和探究，引导广大教师立足课堂教学进行课题研究，激励教师在日常的课堂教学中逐步体现出新课程的改革思想和举措，提高课堂教学质量。具体从两方面入手：第一，规范教学管理，加强制度创新，建立和完善一套与新课程相适应的教学管理制度，包括课程开发和课程评价制度，选修课学生管理和成绩评价制度，教师教学管理和教师教学绩效考核制度，校本教研和教师继续教育制度，课程资源的开发和共享制度等。第二，各教研组继续以"三星级教研组创建"为目标，以"主题教研"活动为抓手，通过团队的相互沟通、支持、配合，将新课程理念落实于具体的实践中，创造各具特色的以学为中心的课堂。

2. 积极推进有效学习课堂教学变革实践。

大胆探索与创新精讲精练课堂教学模式，有效控制教师课堂讲授时间，倡导采用"1+x"形式来选编课堂练习题或课堂小测题，"1"是本课基础题，必做；"x"是本课的拓展或拔高题，选做，以满足优生的发展需要，实践"三先五前三法"教学方式，即"三先"，赏识先行、目标先启、任务先导；"五前"，预习前置、问题前移、训练前倾、反馈前评、总结前导；"三法"，问题释疑法、训练纠错法、拓展培优法，为学生提供更多的学习选择机会和自由发展空间，将"有效教学，高效课堂"指向"先学后教·精讲优练·导学结合"的课型结构，不断提高教育质量。推进英语学科的课堂教学变革，将关注的焦点从"教师怎么教"转向"学生怎么学"上。推行"导学案"课堂教学项目的试点，在取得一定成效基础上加大推广力度，争取有更多的学科与年段加入到课堂教学变革的探索中。

3. 继续开展教育教学常规管理创新行动。

继续对教师日常的备课、上课（含课后反思）、作业批改、学生学习过程指导和学业评价等常规管理，进行积极、深入的探索，真正把实施素质教育落实到教学的各个环节中去。具体从五个方面入手：第一，备课管理，通过研究备课方法，引导教师从"关注文本材料"向"研究备课方法"转变；第二，课堂管理，通过常规听课，从"规范教师的教学行为"向"研究教学问题"转变，促进教师专业素养的提升；第三，作业管理，通过改进作业管理的方法，引导教师从"关注评改状况"向"注重作业分析"转变；第四，学习指导管理，通过对学生个体学习状况的关注，从"关注学科成绩"向"重视特殊学生发展"转变；第五，学业评价管理，通过多种渠道的建立和活动机制的完善，从"单一的学业评价"向"绿色评价体系"转变。通过实践探索，除了实现传统教学常规管理"管"、"督"、"评"的功能之外，拓展教学常规管理的功能，体现教学管理的"理"、"研"、"引"，真正实现新课程背景下的教学常规管理从"督导指向"向"研究指向"和向促进教师专业成长转变。

其五，"童真德育"——学校德育体系创建项目。通过开展"童真德育"的研究，开发出适合学生身心发展规律的校本德育课程，与此相适应，也要培养一支适合新德育课程的高素质的教师队伍，同时，根据学生的年龄差异与身心成长的特点，通过与学生家庭、社区等的协作，形成一种尊重儿童天性的独特德育网络体系。

翁小德育臻童之年度目标

2017学年：加强德育队伍建设，进一步建立班主任导师工作室，开展年轻班主任指导培养工作。以"激励星章"评价引导落实德育细节，培养学生行为习惯，塑造学生优良品性。启动德育电子化工程，制定《学生手册》。推进家校共建工作，建立"家长义工团"。

2018学年：进一步细化学校德育制度，重点开展年轻班主任培养工作，提高班主任基本功，打造特色班班主任，落实基础德育。继续完善并推进富有二小特色的"激励星章"评价，启动德育精品课程研发，推进家校构建工作。

2019学年：进一步完善学校德育制度，继续开展年轻班主任培养工作，争取在班主任工作中呈现"123"局面：一组特色班主任，二批具有扎实基本功及班级管理经验的班主任，三层班主任建设梯队。开发出德育特色活动课程。

翁小德育臻童之办学策略

1. 实施全员德育管理。

加强年轻班主任培训，完善班主任工作考核机制，以此提升班主任队伍的专业化发展，打造童味型班主任团队。以班主任导师工作室，发挥德育骨干引领、辐射和孵化作用，力争完善教师德育工作评价体系，并在学科教师队伍中培养若干位育德意识和专业能力双发展的领头人，在班主任队伍中培养若干位班级建设和教育教学能力双发展的领头人。

2. 推进童真德育品牌建设。

进一步完善细化激励评价制度，细化过程实施，构建富有学校特色的德育评价的品牌项目，使激励评价成为引导学生全面发展的有效载体。在习惯养成上，突出"每周一习"好习惯的养成活动，以值周班的自主管理为载体，深化五项达标评比活动，将行为规范教育细化为规则到位、意识到位、检查到位三项指标。

3. 提高社会实践活动实效性。

学校加强社会教育资源、学校课程实施与校外教育活动的有机整合,开展主题鲜明、生动新颖、富有趣味性和感染力,且为不同年级学生所喜闻乐见的校外活动;建设一支热爱校外教育、具有奉献精神、综合素质高、业务能力强的校外教育师资队伍;逐步形成较为完善的、并能与课内体系相融通的管理体系和工作机制,力求让广大二小学生在丰富多彩的课外活动中健康成长。

4. 深化校园文化建设力度。

学校要结合重大节庆日、传统节日和重要仪式的文化内涵,突出校园文化活动的知识性、趣味性和实践性;要继续发挥学生科技节、艺术节等已有平台的作用,有效地把思想教育融入到具体活动中去;强化主题教育活动的针对性和实效性,加强对学生社团、学生媒体的管理和引导,进一步挖掘校史、校训、校情的教育内涵,引导学生营造和谐的校园人际关系,不断增强学生"爱国荣校"的情感。

5. 增强家校合作力度。

学校应完善"家长委员会"制度,通过强化家长委员会的职能,提高家长在学校管理中的参与度和决策权,进一步促进家长之间的教育方面交流,组建家长义工团,让家长资源主动成为学校教育和管理的新资源,建立和谐的家校关系。组织开展"家庭教育论坛"活动,不断完善家庭教育指导工作。

6. 加强心理健康教育。

学校要不断提高对心理健康教育重要性的认识,以队伍建设、学生个别心理辅导、教师心理辅导为工作抓手,进一步完善心理健康教育工作。鼓励教师参加心理健康C证、B证考试,逐步将C证的取得纳入班主任聘任的重要条件。学校应建立心理健康咨询室,通过"童馨姐姐信箱"对个别心理有偏差的同学进行辅导与追踪研究。

7. 实施德育活动化课程建设。

发挥教材建设在学科德育建设中的基础性作用,积极探索符合学生特点的教学方法,形成一批德育精品课。注重德育科研,引导教师针对当前德育工作的重点、难点和热点问题,在学科教学和班主任工作中开展课题研究,切实发挥德育科研的引领作用。

8. 不断强化安全工作。

安全工作是学校工作的出发点。学校不断完善制度与安全防范机制,进一步细化安全管理,加强安全教育与应急能力演练,构建全方位的安全体系,强化平安校园建设力度,确保安全责任事故为零。

随着这些项目的建设,翁小的学校教育哲学深入人心,师生人人都理解并认同"童味教育",并努力在学校创设一种自由、创造、平等的教育氛围,在学校形成一种快乐、开放的文化性格。

(二) 为儿童,建设文化特色

学校成功在文化,学校特色在文化。当学校共同体成员以其教育信奉为追求,并在日常教育教学活动中演绎教育信奉时,体现出的不仅是其日常管理的规范,而且是其师生个性的发现,更是其文化价值的认同,这意味着其文化特色日见生成。翁小在践行"童味教育"的办学追求过程中,基于儿童立场,逐步推进学校方方面面的工作,促使全体师生沉浸于享受童年的生活方式,焕发出"童心焕发、童性欢悦、童采竞扬"的文化特色。

其一,为儿童,有方向地建设文化特色。为建设出富有儿童特色的学校文化,翁小注重有方向地进行。如 2017 学年,翁小根据学校发展定位及办学理念,完善了学校 VI 视觉识别系统的运用,并将其体现在学校文化建设的方方面面;完善了学校网站,使网站功能更丰富,使网站品味得到提升;全力做好县级校园文化示范基地创建工作;进行学校精神文化层面建设,出台了理念识别系统 MIS。

在此基础上,翁小在文化特色建设上,确定了两个新学年的工作目标:2018 学年继续改进专用教室及办公室设计与建设,让它们成为师生温馨与舒适的生活与学习空间;完成篮球场塑胶建设,对学校的外墙进行整修。2019 学年——建设学生休闲书吧,实现人与环境间的审美互动;健全学校物质文化管理制度,充分发挥环境的育人作用;逐步形成学校精神文化,独立自由的思维方式和协作互动的行为方式,人文、人性的生活方式开始在学校的方方面面体现。

其二,为儿童,有策略地建设文化特色。翁小在文化特色建设方面,致力于运用以下策略推进相关工作:

一是完善视觉识别系统运用。根据学校文化建设的需要,在醒目的位置建设学校 LOGO,并配以相关环境设计,提升学校品位。学校视觉识别系统运用在学校视频、杂志等媒体上,提升学校形象。学校视觉识别系统运用在各类学校文化活动中,标识与活动相映成趣。

二是做好理念识别系统推广。学校出台"一训三风",形成学校精神文化特质,我们期望独立自由的思维方式、协作互动的行为方式,人文、人性的生活方式成为学校精神文化的表征。所以学校文化构建将继续注重三个方面的走向:科学走向、民主走向和人文走向。三者犹如三个支点,构成一个较为稳定的文化层面。顺利通过县级校园文化示范校的创建评估。

三是创设优美环境文化。学校环境规划设计是学校文化建设的基础工程,通过个性鲜明的环境氛围起到"润物细无声"的教育作用。

学校将进行整体规划,对学校环境重新设计。

一是走廊环境设计。主要是做好艺术走廊、科技走廊与悦读走廊的设计与装修,从装修形式、使用材料、色彩等整体考虑,体现开放性、教育性。

二是姆姆农场建设。根据科学学科教学需要及学生观察自然的需要,在学校劳动园地建设立体植物培育系统,让学生近距离接触植物,进行科学观测;组织学生培育可乐瓶瓶载植物并装点学校校园。

三是学生休闲环境设计。利用学校走廊、楼宇角落开辟学校图书、书法、体育休闲区域,实现人与环境间的审美互动,打造生态文明型乐园,增强环境的育人功能。

四是完善校园宣传媒体建设。校园媒体是学校的喉舌,是学校对外的窗口,是家校联系的平台。同时也是学校开展教育教学活动不可或缺的手段。学校将继续建设好学校网站、校刊及广播站,适时筹建校园电视台,发挥校园媒体的作用。

五是全力打造书香校园文化。书香校园是校园文化建设的重要载体,要全面开展师生读书活动,继续推进读书考级活动,争取考级通过率达到90%以上。以读书节活动为载体,营造书香校园环境,添置图书,装修阅览室,开展图书漂流活动、图书跳蚤市场活动,开展书香班级、书香儿童、书香家庭评选。办好校小记者团,做好市级小文学家基地建设,举办名家进校园活动,使全校形成一种浓郁的读书氛围。

六是全力提升"童味教育"品牌。利用课题研究与结题之际,有效梳理出童味教育的几大子系统项目,特别是暖记忆课程的研发、童心教师的培养、童乐校园文化的积淀、童趣学生培养的有效载体与实施成效,进而提炼出"童味教育"品牌特色并扩大区域影响力。

二、激扬儿童的无限风采

儿童是世界的未来,儿童是当下的美丽。未来的希望在时光里流淌儿童的味道;美丽的自然在田野中绽放儿童的味道。拥有童味,就拥有希望,就拥有未来;拥有童味,就拥有自然,就拥有美丽。翁小童味自来的文化风采,在教师的日常教育生活中绽放,在学子日常学习生活中绽放。

(一)为儿童,看见教师风采

童年是人生最天真、最烂漫的岁月,与生俱来的童心、童趣和童真是最宝贵的成长资源。如何更好地呵护孩子们的童真、童趣、童乐,让孩子诗意地栖息在肥沃的知识大地上,翁小的老师有自己的看法,也有自己的行动,更有自己的风采。

翁小的叶海英老师要做一名幸福快乐的童心教师:我们要不断修炼自己的精神、形象、语言、技能、文化、师德以及教育研究能力,成为一位名副其实的童心教师。且看她践行"童味教育"的风采——

> 我不断地努力着,摸索着,形成了教学主张:"快乐语文,让课堂绽放出最美丽的光彩",并拓展了教学建模"唤起情感——激发情趣——拓展延伸"。我深深地感受到,做**一名勤思考、善实践的童心教师**,意味着对学生的成长乃至未来的一生负责,为学生的"美丽人生"奠定良好的基础。
>
> 我在不断充实知识的同时,先后主持研究了《班级特色文化建设的实践与研究》、《绘本教学的读与写》、《童味作业初探》等课题,并纷纷获奖。这无疑给我探索改革之路增添了更大的前进动力。
>
> 我校"童味教育"办学理念,激励着我不断修正自己的人生观、教育观。做一名童心教师,需要一份执着,需要一份坚定,点滴的积淀才能汇聚成"超能量",才能闪烁人

生的精彩。做一名幸福快乐的童心教师,用爱心温暖童心,用真情呵护童真,让孩子过一个完整幸福的童年,是一份理想,更是我多年以来孜孜不倦的追求!

在春华秋实中,翁小已走过八年的"童味教育"之路：2010年9月开始,学校开展"童味"教育模式研究,通过富有"童味"的教育方式促进师生发展,把教育还给孩子,让教育更好地适应孩子的天性,让孩子在教育中找到快乐,让教育充满童味,让每一个孩子像个孩子!

八年的"童味教育"践行历程,给翁小王洋哲老师一段温暖的记忆,从中,也可见风采的绽放——

苏联教育家苏霍姆林斯基说过："只有那些始终不忘记自己曾是一个孩子的人,才能成为真正的教师。"是的,教师要走进学生的心灵,必须要有一颗童心。作为"童趣课堂"课题研究组的一员,通过这几年的研究与实践,我对学校提出的"LOVE教学法"有了更深入的认识。教师的教学应建立在对儿童心灵世界的深刻了解和赏识上,课堂教学充满灵感、充满激情,使得儿童的生命活力在课堂上得以焕发。我们老师有了孩子味,才能将教材童化、趣化、活化,才能贴近孩子的生活、易于他们接受。

作为班主任,我欣喜地发现孩子们是多么喜欢星期五下午的童味课程。好多孩子在日记中表达出他们对这些"童味课程"的喜爱。

陈妍诺同学：太给力了!我的新学期拓展性课程!我和妈妈坐在电脑前,眼睛死死地盯着屏幕,因为我们要准备抢课了。本次拓展性课程采用网上报名的方式,为了抢到自己心仪的课程,我和妈妈早早地做好抢课准备,一切准备就绪就等时间到点了……

陈卓涵同学：我最喜欢星期五下午的拓展课,因为每个星期五下午总能给我带来意外的收获。开学初,学校让每个学生自己填写志愿,挑选自己喜欢的拓展课程。我喜欢唱唱跳跳,我的第一志愿毫无疑问是舞蹈。可妈妈却不赞成,她希望我学会静心,像淑女一样。因此妈妈建议我参加十字绣班。抱着试试看的心态,我同意了……

我校的"童味教育"模式引领我们老师做富有童心的教师,构建童趣课堂,让每颗童心都灵动,带孩子们驶向成功的七彩码头。

(二) 为儿童,看见学子风采

随着"童味教育"的践行,翁小在学生发展方面,进行了多方面的探索,有效地激扬了学生风采的绽放。

加强学生良好习惯养成教育。以培养小学生自主学习习惯为切入点,加强学生良好学习习惯、方法和自主学习品质的培养,梳理出小学阶段应重点培养的学习习惯和培养策略、方法,重点是扎扎实实落实10条好习惯,做到每月抓一条习惯,不断巩固习惯的养成。加强对后20%学困生的分析、跟踪,探索后20%学习困难生有效帮困的措施。

搭建学生自主教育管理平台。学校通过校外活动阵地(南怀瑾书院、市综合实践活动学校、翁垟地团革命纪念馆等)、校级阵地(校报、校园网、广播站、宣传橱窗、农场)、班级阵地(班级文化墙、书香角、生物角、队角等)、家庭阵地(家庭阅览室、家庭实验室等)"四级阵地"的建设与完善,创建各种机会让学生参与学校日常管理,形成自我教育的意识和能力;与家庭合作,营造良好的家庭阅读、艺术、锻炼、科技氛围;鼓励、扶植、引导学生参与社区实践活动,为学生发掘和发展个性特长创设良好的氛围。

大力推进阳光体艺活动。一是从面上,引导全体同学积极参与"阳光体育大课间"、校园"体育节"、"艺术节"、"读书节",校园各级各类的课外文体展示、竞赛活动,最大限度地提高学生参与体育锻炼、运动训练和艺术活动的兴趣,提高学生的运动技能、艺术技能水平。二是从创"特"(体艺特长生)入手,把实施"体育、艺术2+1项目"与开展阳光体育大课间、课外文体活动工程、校园多层次立体化文体竞赛活动等有机地结合起来,坚持经常训练,坚持面向全体学生,培养个性、发展特长,活跃校园文化生活,使"体育、艺术2+1项目"落到实处。

有效开展特色社团品牌活动。学校以"童韵文学社"、"体育俱乐部"、"少儿科学院"、"少儿美术院"和"姆姆农场"五大社团建设为载体,从完善社团的管理、丰富社团的活动、充实社团的资源、提升社团的文化等几个方面入手,为学生创造自我锻炼、自我教育和自我实现的平台。

推进教育质量评价改革。改变以往单一地以考试成绩作为评价学生学习质量的状况,建立学生品德发展指数、学业水平指数、身心健康指数和学习生活幸福指数等四维的教育质量评价改革,并以此评价结果引导教师树立正确的质量观。继续推进免考制度的实施。

这里列举翁小的两样具体的活动,它们引领学生竞扬着儿童那独特的风采——

"我给校园起路名"活动

同学们,先请你读读下面这个关于"仁义胡同"的故事吧!

仁义胡同又称"六尺胡同",位于山东省聊城市,长约60余米,宽2米。胡同为青石铺筑,胡同南首为一木质牌坊,坊上檐下正中为清朝康熙皇帝题写的"仁义胡同"。仁义胡同的故事就是由清朝的开国状元傅以渐而来的。

大清康熙年间,曹姓在丰润县城是第一大户,为了垒一堵墙,和隔壁老谷家打了架。谷家说曹家多占了谷家的一尺宅基地,曹家说自古以来就是曹家的。两家互不相让,争持不下,同时告到衙门。县官一看是这两家,知道是刺儿头不好剃,因为两家在京都有做官的。自己一个七品芝麻官,想管无法管,想断不敢断。无奈使了个缓兵之计,说:"眼下我公事太忙,过个半月十天的再给你们断吧。"曹谷两家没办法,也只好各自回家听传。

县官回到后堂,急忙给在京为官的曹大人和谷大人分别写了书信,请求各自出面调停调停。

曹大人接到书信后心想:"我和谷大人一朝为官,又是同乡,为了一尺墙伤了两家的和气也太寒碜了。"因此急忙提笔给家中写了一封书信,信中写道:"千里捎书一尺墙,让给他人奈何方?万里长城依然在,如今却无秦始皇。"御史谷大人也给家中写了应该"礼让"的书信。

两家接到书信后,不但不打架了,而且各自向里退让一尺,留出一条胡同,起名"仁义胡同",供众人走路。丰润县城几经变迁,可这条宽不过1米,长不过百尺的"仁义胡同",至今还在城内西街保留着。

同学们,看了这个故事后,除了明白做人要处处礼让三分的道理之外,你是不是还觉得"仁义胡同"这样的路名也很有意思呢?

除了古时候有"仁义胡同"之外,现代城市的街道命名也处处体现着人文情怀。

有以人名命名的,不少地名是以人物名来命名的,有些是上古传说中的人物,有些是历史上有重要影响的人物名字。例如中国很多城市都存在的"中山路"就是以中华民国国父孙中山先生的名字命名的。还有如"鲁班路"、"黄兴路"、"鲁迅路"等等。

有以省市命名的,如上海就有"南京路"、"四川路"、"北京路"、"淮海路"等等,据说是由于上海解放前被外国人瓜分为许多块,再加上当时局势混乱,没有人关心,因此在解放时上海道路混乱。为了方便,就用省市命名道路,也好记。

还有以数字、行业、历史人物、历史事件命名的路名等,就不一一列举。

而我们,作为翁垟二小的小主人,每天在校园的各条小路上散步、奔跑、嬉戏、锻炼,我们对学校的每条小路都有着特殊的情感和熟悉的感觉。现在请你参照学校平面图或学校实景,针对某一条或几条小路,起一个你心目中的路名,并且简单介绍一下为什么起这个路名,将你的想法写下来、画下来。学校将从中选出最合适的路名,给校园小路做上路名标志和设计者的名字。如果你的想法一经采用,你设计的路名将伴随着无数的二小学子,在求学的道路上留下深深的印象。

同学们,学校的小路,等待着你们给它起个响亮的名字呢!期待你的参与!

"我给墙面换新装"活动问卷调查

(2013年2月)

同学,你好!为了体现翁垟二小办学理念,展现二小学子的精神面貌,学校拟将校园内几块空白的墙面进行设计和涂画,现有几个问题期待你的合作完成,谢谢!

1. 你是_____年级的同学?

A. 二　　　　　B. 三　　　　　C. 四　　　　　D. 五

E. 六

2. 你希望看到学校墙面设计整体有什么样的感觉?

A. 卡通可爱的(卡通人物、卡通动物)　　B. 写实的

C. 随便　　　　　　　　　　　　　　D. 本地文化(番薯黄夹、细纹剪纸等)

3. 你愿意为学校美化出力吗?

A. 很愿意出一份力　　　　　B. 一般

C. 不愿意

4. 你可以为学校美化做哪方面的帮助？

　　A. 设计图稿　　　　B. 设计标语　　　C. 墙面绘图　　　D. 什么都不会

5. 针对食堂的墙面，你觉得设计什么样的图案最合适？（附实地照片）

　　A. 零食图片　　　　B. 各地美食图片　　C. 节约粮食图片　　D. 白墙最好

6. 针对学校绿化带你有什么建议？

　　A. 设置植物介绍标签　　　　　　　　B. 设置保护植物标签

　　C. 原来这样最好

7. 篮球场西边墙面你有什么好建议？（附实地照片）

　　A. 简单色彩块面装饰　　　　　　　　B. 体育运动项目图片

　　C. 原来这样最好

8. 针对南幢教学楼东侧墙面你有什么好建议？

　　A. 设置学校简介　　B. 我校校标　　　C. 我校卡通吉祥物

9. 你觉得学校哪块墙面还可以进行美化？＿＿＿＿＿＿＿＿＿＿

10. 如果请你针对某一块或几块墙面，你想设计什么样的内容呢？请简单描绘。

亲爱的同学，二小是我家，美化靠大家！感谢你的参与和配合，相信在我们大家共同努力下，二小的校容校貌将更美！

十年树木，百年树人。八年的时间不长亦不短。翁小自践行"童味教育"以来，办学效益日益明显，办学质量日见其效。如今，翁小到处弥漫着"童味"，正如张嫚娜老师《童味》一诗所绘——

童味，清新自然的味道，
它沁人心脾，它芳香四溢。
童味，青春快乐的味道，
它激情四射，它快乐无边。

童味,像一个美丽的仙子,
她时而害羞,时而奔放,
她时而活泼,时而沉静。
童味,像一个快乐的童子,
他时而热情,时而冷漠,
他时而快活,时而忧伤。
这就是多滋的童味,
这就是别样的童年。

品着这样的童味,赏着这样的童年,我们已收获诸多办学成果,追忆着儿童立场的管理之馨味、教师之悦味、课程之美味、课堂之趣味、德育之臻味。

追忆中,我们更加坚信,教育就是要坚守儿童立场,让儿童像儿童一样成长。

追忆中,我们尤为享受,教育激扬着儿童无限潜能,让儿童像儿童一样美丽。

第二章

管理馨童

　　儿童是快乐的使者,有着爱己及人的天性,对规则的遵守自有其道。当学校管理和善而坚定地支持儿童的发展时,就能助力他们当家作主,提高独立生活与协作奋进的能力,释放天真烂漫的魅力。有这样一所学校:我在阳光下关爱,你在原野上播种,他在心田里驰骋。因为:童味在这里,世界依依,笑脸灿烂;童味在这里,人生蜜蜜,身心绽放。

这里，童味就是快乐成长的感受
这里，童味就是幸福和谐的体验
你有你的智慧真味
她有她的道德善味
我有我的心灵美味

她在这里，自立正香
我在这里，自强正甜
你在这里，自在正津
噢，童味，那课堂涌动的生命活力
噢，童味，那琴弦欢唱的童年乐章

我在阳光下关爱
你在原野上播种
她在心田里驰骋
童味在这里，世界依依，笑脸灿烂
童味在这里，人生蜜蜜，身心绽放

第一节 管理：儿童立场

儿童是快乐的使者,有着爱己及人的天性,对规则的遵守自有其道。当我们教育工作者确信基于儿童立场的管理价值,充分尊重儿童,正视管理,让管理和善而坚定地支持儿童的发展时,就能够引领儿童当家作主,明白真正的纪律是为何物,成为学校的小主人,从而提高独立生活与协作奋进的能力,释放儿童天真烂漫的魅力。

一、焕发儿童主人翁精神

儿童立场管理范式的建构,从理论维度讲,儿童立场管理突破了传统的成人化管理的弊端,具有童心化、童馨化、童新化的特征;在其实践路径上,我们应基于儿童立场,树立把管理还给儿童,让管理促进儿童的理念,以呵护儿童的心灵为管理出发点,以引领儿童温馨成长为发力点,以促使儿童每天新生为落脚点,焕发儿童的主人翁精神,展现生命奋进有为的成长旋律。

（一）为儿童,发挥管理价值

什么是管理?仁者见仁,智者见智。"科学管理之父"弗雷德里克·泰罗在其著作《科学管理原理》指出:"管理就是确切地知道你要别人干什么,并使他用最好的方法去干。"彼得·德鲁克在其著作《管理——任务、责任、实践》中指出:"管理是一种工作,它有自己的技巧、工具和方法;管理是一种器官,是赋予组织以生命的、能动的、动态的器官;管理是一门科学,一种系统化的并到处适用的知识;同时管理也是一种文化。"从广狭义看,广义的管理指的是应用科学手段安排与组织社会活动,使其有序进行;狭义的管理则是立足于一个单位的全部业务活动,进行一系列计划、组织、协调、控制和决策等活动。

从办学看,儿童立场的学校管理是为了儿童健康快乐成长,为了学校正常有效地运作,其主体成员运用一系列办法展开工作,进而使校园弥漫着童味、闪耀着童采。我们要发挥其管理价值就应把握好以下方面:

其一,儿童立场管理:聚焦儿童、引领儿童茁壮成长。理解人的需要和人的本质是研究管理价值本质的前提,因为,从管理角度看,管理价值的主体是人,且管理价值的实现最终体现为人的价值实现。基于管理价值与管理本质、管理价值与管理目的、管理价值与管理作用等相互关系的比较,我们更能揭示出管理价值的本质。当我们的管理是基于儿童、向着儿童、为了儿童作为生命主体的价值实现时,那么,学校管理就要以儿童为立场,其管理主体、方式与价值都要与儿童密切相关,整个管理都要聚焦于引领儿童实现作为发展中人的价值。

其二,儿童立场管理:遵循原则促使儿童茁壮成长。基于儿童立场的学校管理,应该遵循管理的基本原则。

在方向性管理原则的遵循上,我们立足于服务社会主义现代化建设的办学方向,坚持全局发展观,校本化地明晰为服务于社会主义现代化建设应培养什么样的人才。在教育性管理原则的遵循上,我们要以育人为本位,从学校一切工作应展现出育人价值出发,不仅在管理者的以身作则基础上做到言传身教,在所运用的管理手段、方法、策略及开展的活动上做到"为育人而用",而且在学校环境建设及人际关系营造上都应蕴含育人的力量。

在民主性管理原则的遵循上,我们要充分实行民主管理,让学校共同体成员积极参与学校管理,坚持做到"管理为大家,大家来管理"的管理要求,实现"管理惠大家,大家见童悦"的管理效应。在整体性管理原则的遵循上,我们基于学校共同的办学愿景,高扬一切为了儿童发展的旗帜,正确处理学校内部各方面关系,积极整合校内外各种有利力量,力争最好的管理效果。

在规范性管理原则的遵循上,我们要从为了儿童的教育立场出发,科学设置学校组织机构并有效运行之,健全各项规章制度并有效遵守之,使学校管理工作有序进行。

在激励性管理原则的遵循上,我们要建立有利于激发学校共同体成员士气的管理机制,促使学校共同体成员激扬主人翁精神,积极主动地工作,创造性地开展教育教学活动,引领每一个儿童健康快乐成长。唯有如此,学校管理基于儿童立场,遵循各种原则施以作为,才能促使儿童茁壮成长。

其三,儿童立场管理:讲究策略见证儿童茁壮成长。学校管理有其相应的原理与原则,更有其相应的工作策略,在遵循基本原理与原则基础上,运用好相应的管理策略,方能实现管理育人的价值。

基于儿童立场,我们首先要实施尊重人而人人尊重的管理策略。人与人之间相互尊重,相处一起就能和谐共生,解决问题就能互献智慧,实现愿景就能共奔前程。以尊重人的姿态展开学校管理工作,学校中人人尊重的发展态势就自然敞现。其次,基于儿童立场,我们要实施理解人而人人理解的管理策略。人与人之间相互理解,大家不仅能够拥有共同的发展方向,而且能够齐心协力地主动沟通,亲密如一家地开展学校的各项工作,进而敞现因理解而人人争先的发展态势。再次,基于儿童立场,我们要实施关心人而人人关心的管理策略。

人与人之间相互关心,是一个人置身于一个大家庭中倍感温馨的渴望。面对着繁重的学校工作,承担着教书育人的为师重任,畅想着童年美妙的为学境界,大家能够相互关心,就能创造人人因关心而砥砺奋进的发展态势。

(二) 为儿童,吸纳管理经验。

将学校各项工作及其组成要素紧密结合,并想方设法发挥其整体功能,学校管理的价值就能逐步显现,进而实现学校的办学愿景,这是学校管理的核心经验。具体来说,为儿童,我们要积极吸纳各种管理经验,并创造性地运用学校工作之中。

其一,为儿童,要凝练学校的管理理念。有什么样的管理理念,就有什么样的管理作为。学校管理理念是学校展开管理工作实现管理价值的思想,是学校一切管理工作的动力源。我们要学习以下管理理念:从知识中心转向育人为本,促进学生全面发展;从注重管理到重视管理与服务的统一;从投入到产出,进行系统的分析;从粗放式管理转向精细化管理;从经验型管理转向科学型管理;从校长个人管理能力建设提升到学校系统领导力建设。从学校实际发展出发,是我们凝练学校管理理念的起点。管理实际上是一种做事精神与做事行为及做事风格的体现。为此,为了儿童的发展,我们的管理理念就在于高扬校本化的学校精神,领导学校共同体成员齐心协力、创造性的正确思维,开展学校的各项工作,展现奋进有为、发展有道、童味自来的生活方式。

其二,为儿童,要厘定学校的管理目标。有目标就有方向,就能够沿着一定的方向走出属于自己的路。学校各项工作顺利有效地开展,是学校管理的目标所在。为儿童,学校一切工作的开展,都要回答好是否有利于儿童健康快乐成长。为此,我们要围绕学校的办学愿景,在办学理念引领下,以学校管理理念为指导,厘定学校的管理目标,制定校本化的管理计划,并根据计划逐步开展学校的管理工作,助力学校从成功走向成功,展现学校为儿童而开展一切工作的管理风格。

其三,为儿童,要建立学校的管理机制。学校整个管理系统应以一种怎样的结构呈现,且这种结构化的管理系统有怎样的机理,又如何有效运行,是一所学校建立其管理机制要解决好的关键问题。其解决之道就在于,我们要把握好学校管理系统的内在联系,要明确学校管理系统的各种功能,要认清学校管理系统的运行原理。这意味着,为儿童,建立学校的管理机制,其着力点在于:把握何谓学校管理机制;把握学校的管理结构,包括组织功能与目标、组织的基本构成方式、组织机构、环境结构等;把握学校管理的三大机制,即运行机制、动力机制和约束机制。

其四,为儿童,要健全学校的管理制度。建立健全时代发展要求的与学校发展相适应的规则体系,是一所学校以现代学校制度促进学校发展的关键。也就是说,学校管理价值的发挥,离不开现代学校制度建设。这需要我们从时代发展要求出发,设计和构建一整套与各方面改革相适应的规则体系;而基于儿童立场的学校,在追求与时代发展要求相适应外,建设现代学校制度更要以儿童健康快乐成长为核心,进行一系列制度的铺排,以促进教师更好地教书育人,促进家长更好地伴孩优读,进而促使学生获得更好的发展。

如此,校本化地创造性地运用这些管理经验,形成管理促进发展的学校变革态势,显见的必将是一种儿童立场的学校管理文化的生成。

二、挥洒儿童小主人味道

学校管理以其独特的样态,展现学校共同体成员运用智慧开展工作的生活方式。儿童立场管理的展开,是以师生家长为主体、以儿童发展为圆心、以制度建构为线索、以文化生成为样态的擘画发展蓝图的过程。翁小在擘画这一蓝图的过程中,尤其注重制度建构与文化生成的相生效应,进而敞现其独特的"制度与童味互生,工作与童乐相融"的管理样态。

(一)为儿童,制度孵化价值

从1989年8月挂牌起,翁小就在教育改革大背景下,主动顺应时代要求,确立了"尊重人性、发展个性、培养灵性"的办学理念,明确了儿童是学校发展之根本,即学校发展是基础,教师发展是关键,学生发展是根本。以此为指导,开始了学校的制度建构与文化创生之路。

对学校管理而言,制度建构首先要考虑的就是价值指向的问题。以人为出发点,即从管理对象角度看,是人的管理;从管理主体角度看,是依靠人的管理;从管理目的的角度看,是为了人的管理。管理就是把人作为管理的主要对象和管理的最重要资源,尊重人的价值,全面开发人力资源,以谋求人的全面自由发展为最终目的的管理。在学校管理过程中,就是要以师生为中心,通过尊重、关心、依靠和爱护等方式来培养师生的忠诚心,调动师生积极性和主动性,使学校管理成为教育人、发展人的过程。

我们认为,学校管理不仅要尊重人、激活人、调动人的积极性和创造力,更要培养人、发展人;它不是停留在浅层次意义上的尊重和实行简单的人文关怀,而是要统领学校精神,引导价值追求,在观念层面上对教职工施以潜在的、无形的、隐性的造就;对教职工施以理性关注、价值观引领和精神锻造;用学校目标影响教职工价值选择、转变生存观念、提升人文境界,进而达到学校目标与教职工个人价值追求理性整合,使学校和教职工个人进入自为状态,实现学校的持续发展和教职工的自由全面发展。

从上述管理理念出发,翁小制度建构的价值指向就要指向人的发展,以人为出发点,并以人的价值实现为制度建构的最终目的,使学校管理制度的主要功能定位于尊重人、关心人、培养人、激励人、发展人,开发人的潜力;坚持制度创新,随着办学形势的发展变化,不断地调整完善制度,使刚性制度文化和弹性制度文化整合。同时,为使办学理念在学校管理制度建设中得以贯彻,我们还力求在理念、行动、评价内在一致的前提下建构制度体系。

翁小从"为教师发展而奠基"理念中生成的人事制度是以发展人为特征的。翁小的人事制度文化不仅是学校的用人之道,更是学校的育人之道。教师的选拔任用,干部的成长培养,岗位的设置和人员的聘用,都是以自主性发展需求为前提,以促进人的自由全面发展为目的。譬如:教师发展性制度——成立由部门领导、教学骨干、教师组成的考核小组,制定考核程序与办法,50%人员由教师会议投票产生。

课程是学校教育的载体,课程品质决定教育质量。翁小从"为学生的发展而奠基"理念中衍生了"以优质多元的课程为学生的发展奠基"的育人策略和"让课程适应每一位学生的发展"的课程理念,生成了"为使学生适应未来,培养学生'善学习,能发展,会健身,有灵性'的品格和习惯,为使学生拥有幸福童年人生,培养学生'心理健康、人格健全、善于思考、勇于创新、追求真善美'"的课程目标。而课程理念的贯彻与目标的实现其保障就是建立有利于激发师生潜能,增强师生自我发展的内驱力的课程教学制度,实现以新课程理念为指导,完成课程要素、课程思想和课程理念的重建的目的;实现教育哲学、知识观、教师观、学生观、教材观的变革;实现教师角色、课堂范式、课堂教学操作的转变。

总体上说,翁小在"尊重人性、发展个性、培养灵性"办学理念引领下的学校管理,制度建构的价值指向就是关注人、发展人、激活人,创造一种促进师生不断学习和积极发展的组织氛围,进行内在的知识积累,并在此基础上实现潜力的外化,即创新发展和自我实现,实现"人是管理的目的"。

(二) 为儿童,管理催生文化

学校文化是学校在长期发展中所积淀下来的较为稳固的思想意识、行为习惯和生活态度。它弥散在校园的各个角落和学校教育的各个方面,影响着师生的工作学习态度、学校中的人际关系、师生的思维和行为习惯,也影响着师生的价值判断和价值追求。学校文化包括制度文化、精神文化和物质文化。其中,精神文化是学校文化的核心和灵魂。

学校文化建设直指教职工思想道德素质的培养,注重开发人的价值和精神层面对行为的调节作用,所以通过文化建设可以发展与提升人的精神境界、道德境界以及人生境界。翁小从人本管理理念出发,重视建设四个形态的高品位的学校文化。

其一,制度文化:责任感在规则中生成。学校制度文化是其精神文化在学校工作中的具体表现,其形式是制度和规则。它包含学校的组织架构、运行机制、管理模式、行为规范等。制度愈符合师生的需求和愿望,这种制度文化就愈先进。

2008年,我们就在学校三年发展规划中提出了"尊重人性、发展个性、培养灵性"的办学理念,以办学理念为指导,在"基于学生发展,符合学校实际,全员参与建设,关注教育价值"的课程方略下,建立了"目标整体、结构多元、尊重选择、发展个性"的课程结构,构建了以课程为中心,以教师、学生为课程主体,以活动为载体,以激励制度评价为纽带,适合学生发展的课程体系。从2010年开始,学校以国家课程方案的校本化实施为切入口,探索课程连结的策略与途径,构建保证课程丰富、教学优化的制度体系,推进学校实施课程的整体优化。于是,我们在分配制度方面,实行按劳分配、多劳多得、优绩优酬的分配方式;在用人机制方面实施了全员聘任制度和干部竞聘制度。用人机制的改革,极大地增强了教职工的责任意识和创新意识,极大地调动了教职工的主动性和积极性。

上述做法的背后都蕴含着尊重人、发展人的观念,是制度文化的具体体现。制度文化发挥着积极的作用,它不仅形成了一种精神环境,而且成为学校发展的根本动力和内容。

其二,精神文化:氛围在追求中营造。学校精神文化是在长期教育管理与教育教学活动中逐渐积累下来的、被全体成员认同的一种群体意识和学校气氛,它集中表现为办学理念、教育理念、学校的价值观、团队精神等方面。

2008年,翁小提出了"尊重差异、全面发展、因材施教"的育人理念,倡导发展的每一种教育观,都确立了"创办小班,关注生命,科研兴校"的办学策略,逐步形成了"思想引领、制度推进、简单精细、一次做好、绩效评价"的管理特色与管理模式。这些内容都属于学校重要的精神文化,并成为学校发展的丰厚思想资源。

培育团队精神既是学校精神文化建设的重要内容,也是一种重要的人本管理理念。培育团队精神首要从团队凝聚力入手,设置教研组团队、工作室团队等考核策略,逐渐形成"我为大家,大家为我"的精神。

学校的发展过程就是一个不断创新的过程,创新精神也是团队精神的重要组成部分。团队的发展动力离不开创新精神的培育。教学与科研是学校的中心工作,学术创新与教育教学创新是学校工作的生命线,任何有发展力的学校组织都必须极具创新精神。管理创新和体制创新则是学术创新和教育教学创新的前提和保障。

其三,行为文化:习惯在规范中养成。学校组织的运作方式、发展战略、工作行为,学校成员的工作方式、生活方式、话语方式、交际方式,这些都属于学校的行为文化。行为形成习惯,习惯培育传统,传统积淀文化,文化润泽制度。

仪式文化。翁小不论是面向教师还是学生都有很多仪式,如开学典礼、毕业典礼、师徒结对仪式、少先队入队宣誓仪式等等,另外还有许多会议式的仪式,如教师节庆祝大会、艺术节开幕式、运动会开幕式等。我们非常重视这些仪式文化的开展,从而达到净化师生心灵、鼓舞师生士气、提升师生精神境界的作用。

形象文化。就其内核而言,是一种学校团队精神;就外在形势而言,包括师生的着装、举止、言谈和仪表,学校环境的建设等等,学校的橱窗、海报、网络也都是学校形象的重要阵地。我们力求使学校形象既体现学校这一行业的共性,又体现我们自身的个性。

教师个体的行为文化。翁小建立了一系列教职工行为规范,主要包括上下班制度、升旗仪式制度、会议制度、办公室制度、师德规范、教育的基本规范、教学的基本规范、教师语言规范、仪表禁忌、教职工仪态行为准则禁忌、交往合作建议、公开课礼仪规范、接收礼品制度、请示汇报制度、请假休假制度、班主任交接工作规范等。这些行为规范的建立,使得教师的行为有准则可循,做到规范有序。

其四,物质文化:形象在理念下塑造。学校的硬件建设形式、学校环境建设理念、学校物质资源配置方式等都属于物质文化。翁小的学校布局设计、学校建筑、校园绿化、科技景观、学校人文、环境设计、文化传播设施和运动与娱乐场所等,无不体现着以人为本的理念和价值选择。

第二节　管理：童味自来

激发师生潜能，做最好的自己，是学校管理的价值追求，也是翁小管理温暖人心、点燃童味的方向。一直以来，翁小就注重以"强引领、重关怀、全参与、高绩效"的学校管理，来实现制度与文化的融合，让教育有情有梦，尽可能地让教师感受到爱与关怀，尽可能地发挥教师的个性，激发教师的生命潜能，让教师在工作中体验到幸福与尊严，实现生命的意义和价值，从而使学校管理洋溢"管理馨童，师生共荣"的文化特质。

一、经营儿童的温馨家园

管理需要经营，经营优化管理。学校管理不是制订一套规范的规章制度，而是在合宜的运行机制操作下盘活规章制度，进而动态性地促进师生主动发展，生成学校独特的文化。翁小基于儿童立场建构制度，讲究的是童馨管理的经营之道，追求的是童味自来的管理效应，进而展现出师生文化自觉的力量。

（一）为儿童，推进童馨管理

2011年，我们从细部着手，小处着眼，汇编了引领学校发展的资料，编制成《学校管理手册》，使办学初期积累的丰富多彩、行之有效的管理经验得以科学化、制度化、系统化，使学校管理有据可依、有法可循，为贯彻落实"尊重人性、发展个性、培养灵性"这一办学理念起到了强有力的保障作用，是学校制度建设上的一座里程碑，集中反映了学校对教育的选择、价值的判断与文化的自觉。

随着新课改的深入推进，学校的跨越式发展，我们在规范的基础上，又不断地丰富、完善、发展其内涵。时光转瞬，已步入办学的第22年，为了继承办学20年的有效经验，为了保障学校未来的持续发展，为了更好履行发展人、解放人的神圣教育使命，不断开拓创新、超越自我,在执行并不断修订完善学校制度基础上,从 2010 年开始,翁小启动了《教代会制度》的修订工作,包括基本制度、规范性制度、程序性制度、评价性制度和考核奖惩性制度。

翁小的基本制度,涵盖学校章程、学校形象、岗位责任制、聘用合同制以及工作条例。学校章程是为全面规范办学宗旨、内部管理体制、财务活动等重大基本问题而形成的自律性基本文件,是学校自主管理、自律及监督管理的基本依据。学校形象就学校历史沿革,体现学校精神文化的办学理念、办学宗旨、办学目标、校训与校风等,体现制度文化内涵的法律依据、权利、义务等,以及体现学校物质文化的校徽、校旗、校歌、校服、学校主题雕塑等内容作了系统阐述。岗位职责理清了所有干部岗位的职、权、责,明确了所有工作岗位的职责与责任追究,并构建了充分的校内民主、监督机制,通过授权保证了学校的全员参与。聘用合同制则明确了学校与教工双方的权利和义务,深化了学校人事制度改革,保障了学校和广大教职工的合法权益。

翁小的规范性制度规定了保证教育与服务质量的各项工作规范,主要包括办公行为、教育教学、人事管理、后勤服务以及学生课程学习与校园生活等方面的行为规范;程序性制度对学校人事、财务、资产管理程序以及教育教学行为流程等作了具体规定;评价性制度则设计了质量评价的相关指标与量表,为教育教学和管理行为提供依据和目标,起到导向与激励作用;奖惩性制度规定了质量优异与质量过失的奖惩规则,与规范性制度相对应,与评价性制度相连结。

经由多年的管理实践的探索,翁小逐步建构的童馨管理体系,显现出文化自觉的效应:以共同愿景凝聚人,以校本研修提升人,以扬长避短发展人,以学科发展盘活人,以和谐氛围影响人。其基点、核心和动力是"以人为本"的文化自觉。

——以共同愿景凝聚人。以学校发展的"共同愿景"凝聚教师队伍,让教师紧紧团结在一起,形成共同的价值追求,围绕共同的发展目标而努力奋斗。

——以校本研修提升人。开展以校为本的教师进修,鼓励教师之间的教学与研究经验交流,营造良好的学习培训与教学研究环境,为教师提供发展的平台,促进教师的专业发展。

——以扬长避短发展人。在教师评价中以教师自我反思、自我评价为主,辅以教师、学生、家长等客观他评,并通过切合实际的"扬长性"评价,帮助教师客观认识自我、评价自我、发展自我、实现自我。

——以学科发展盘活人。实行教职工的"发展性流动",通过岗位流动、职别流动、培训流动、专业流动等,使学校教职工队伍以学科发展而流动,保持队伍的活力。

——以和谐氛围影响人。优化学校的人际文化环境,尊重人的生存价值,关心人的发展现状,通过丰富多彩的学校活动,形成相互理解、相互尊重、诚信宽容、愉悦务实的人际关系,通过积极合作、公平竞争的和谐氛围来促进人的发展。

(二) 为儿童,焕发管理特色

在学校变革过程中,我们感到:制度建构是学校实施管理的基础,学校管理的效率来自于制度的执行程度,制度执行则需要文化建设的推动。因此,在学校管理制度建设中,我们注重管理、制度、文化的融合,在制度执行中我们注重文化的生成,进而逐步展现出文化随生于制度执行的管理特色。

其一,把管理过程办成团队学习过程。有一个管理理念很精彩——"管理即培训"。此言不谬,学校管理过程本质上就是团队学习与提升的过程。一种新的学校管理理念、管理模式、管理机制等的实施过程本身就是一种培训过程。科学先进的理念,促使人认同;科学的有力的机制,促使人学习进步,不断提升。管理的过程就是价值观培育的过程,就是学校师生和员工提升的过程。

翁小推行"温馨管理",就是学校教师践行"童味教育",提升专业素养的过程。如,对学校课程方案的实施、发展性评价方案的推进、校本课程质量评估方案等的实施,提高了教师参与课程领导和课程执行的能力,也推动学校制度文化和精神文化建设。

其二,把制度形成过程变成文化认同过程。管理离不开规则和标准,任何一个真正高效的管理,必然是靠制度来运行的。制度化使群体和组织走向秩序、和谐与安定,实现有效控制,并将组织成员的命运与组织的兴衰联系在一起,增强集体的内聚力。制度最一般的含义是:要求大家共同遵守的办事规程或行动准则。因此,高效的管理必须以完善的制度为保障,而一个执行良好的制度必定是一个符合实际需要、操作性强、认同度高的准则。

翁小《学校管理手册》的产生就是一个"由下到上"与"由上而下"的结合过程。在办学过程中,随着办学形势的发展变化和我们对学校管理内涵认识的不断深化,翁小每学期一次的教代会都要对有关制度进行修订补充和完善,各项工作以零缺陷为目标,为汇编《学校管理手册》奠定了思想基础,同时也提升了教职工对学校文化的认同度。

其三,把制度执行过程变成文化植根与生长过程。教师的劳动是创造性劳动,课堂就是教师创造的天地,在日常教育教学管理中,我们努力促进教师的这种创造。

翁小建构的现代学校制度,是对学校历经20年办学改革在意识与行为上概括性的理性思考和反思总结,反映了学校在办学规划、实施、管理等方面践行教育思想的方法。它构成了我们办学实践的循环链,即思想引领、制度推进、简单精细、一次做好、绩效评价,促进了学校教育教学管理行为的持续改进与不断创新。

一所具有良好社会声誉和竞争力的学校,必定是一所管理规范,并能辅佐师生去发展自己可发展性的学校。一所这样的学校,必定是倡导精神立校、追求价值整合与目标整合的学校;必定具有科学超前的理念、具有发展力的机制和主流价值认同;必定具有能对先进科学的办学理念及其精神的强化与宣传的激励机制;能科学主动谋划学校发展、引领师生精神、激励自主创新、创生学校文化,从而实现学生、教师、学校共同可持续的发展,成为师生成长的精神家园。

二、培育儿童的美丽推手

学校管理的推进过程,是学校共同体成员把学校各项工作办顺与办好的过程。以儿童立场办学的翁小,在办顺与办好的过程中,作为管理主体的领导、教师、学生都能发挥主观能动性,积极地建设现代学校制度,并发挥聪明才智,多想办法,精心工作,闪耀着奋发进取的风采,绽放着童味自来的魅力,进而,家长看见学校一天天美好,看见教师一天天优秀,看见孩子一天天茁壮,见证着"童味教育"的奇迹。

(一)为儿童,制度助力教师

随着学校制度的健全,翁小各项工作有条不紊地进行着,翁小的教师也在制度建设与执行各项制度中获得助力,有效地践行着"童味教育",享受着童味自来的教育生活。

尤其,翁小针对教师而制定的学校有关制度,很好地促进了教师的专业发展,并在践行"童味教育"的过程中提升了教育教学水平。

其一，按岗定位，激励教师发展。在岗位设置方面，翁小制订了明确清晰的教师"岗位说明"，建立了教师岗位申报制度，促使教师根据自身条件，申请相应的岗位，并在教育教学活动中做出与岗位要求一致的努力。

对于小学一级教师来说，申报者要满足实施方案中规定的师德、教师资格、年度考核、工作量、继续教育等基本任职条件，此外，不同层级还有不同的任职条件。

翁小一级教师岗位任职条件

1. 学历与资历要求

取得大专学历，获得小学二级教师任职资格三年以上。

2. 教育工作要求

（1）积极参与学生思想教育工作，任现职以来担任班主任、少先队辅导员、课外活动小组指导教师等教育管理职务1年，或从事四班英语或毕业班语数外学科教学1年。

（2）胜任班主任等教育管理工作。任现职以来，本人能认真带好班级、兴趣组。

3. 教学工作要求

教学基本功扎实。掌握本学科的课程标准，胜任一定年级段的教学工作。教学内容正确，教学方法得当，教学效果好。任现职以来：开设校级以上公开课1次，或在校级以上赛课或教学评比中获奖。

4. 教科研工作要求

积极参加教科研活动。任现职以来：能撰写论文案例等教科研材料；能有校级以上个人课题。

5. 任现职以来，出现下列情况之一，不得申报现任教师专业技术岗位：

向学生、家长索要收受礼品或钱物；或违反有关规定，从事有偿家教；或体罚、变相体罚学生；或有侮辱、歧视学生的言行；或参加赌博以及迷信活动；或擅自向学生推销各种报刊、资料、教辅用具或其他商品的，当年不得申报，情节严重者下一年度不得申报。

翁小小学二级教师岗位任职条件

1. 学历与资历要求：

取得大专学历，任职小学三级岗位满三年。

2. 教育工作要求

（1）积极参与学生思想教育工作，任现职以来担任班主任、少先队辅导员、课外活动小组指导教师、教研组长、备课组长、从事中层等教育管理工作3年，或进行四班英语或毕业班语数外学科教学2年。

（2）胜任班主任等教育管理工作。任现职以来，本人或所带的班级、兴趣组、教研组、备课组、部门等获得校级以上表彰。

3. 教学工作要求

教学基本功扎实。掌握本学科的课程标准，能胜任一定年级段的教学工作。教学内容正确，教学方法得当，教学效果好。任现职以来：开设校级以上公开课2次，或在校级以上赛课或教学评比中获奖。

4. 教科研工作要求

积极参加教科研活动。任现职以来：有1篇论文案例等教科研材料在市级以上单位发表或获奖；或有校级以上个人课题立项。

5. 任现职以来，出现下列情况之一，不得申报现任教师专业技术岗位：

向学生、家长索要收受礼品或钱物；或违反有关规定，从事有偿家教；或体罚、变相体罚学生；或有侮辱、歧视学生的言行；或参加赌博以及迷信活动；或擅自向学生推销各种报刊、资料、教辅用具或其它商品的，当年不得申报，情节严重者下一年度不得申报。

对于小学高级教师来说，翁小的教师同样也要满足实施方案中规定的师德、教师资格、年度考核、工作量、继续教育等基本任职条件，且不同层级有不同的任职条件。

翁小小学高级教师岗位任职条件

1. 学历与资历要求

取得大专或本科学历,获得小学一级教师任职资格三年以上。

2. 教育工作要求

(1) 积极参与学生思想教育工作,任现职以来担任班主任、少先队辅导员、课外活动小组指导教师、教研组长、备课组长、从事中层等教育管理工作3年,或进行四班英语或毕业班语数外学科教学3年。

(2) 在班主任、教育管理等工作方面有丰富的经验。任现职以来,本人或所带的班级、兴趣组、教研组、备课组、部门等获得校级以上表彰。

3. 教学工作要求

教学基本功扎实。掌握本学科的课程标准,胜任本学科的教学工作,教学效果优良。任现职以来:开设校级以上公开课3次,能开展片级公开课或在参加全员赛课、基本功竞赛等教学评比中获奖。

4. 教科研工作要求

积极参加教科研活动。任现职以来:论文案例等教科研材料在市级以上发表或获奖1次,或有市级以上个人课题立项,并有与个人课题相关的教科研成果获奖。

5. 任现职以来,出现下列情况之一,不得申报现任教师专业技术岗位:

向学生、家长索要收受礼品或钱物;或违反有关规定,从事有偿家教;或体罚、变相体罚学生;或有侮辱、歧视学生的言行;或参加赌博以及迷信活动;或擅自向学生推销各种报刊、资料、教辅用具或其它商品的,当年不得申报,情节严重者下一年度不得申报。

目前,翁小的教师申报任职岗位从12级到5级,每一层级有相应的任职条件,对照这些条件,教师可以结合自身情况进行相应等级的岗位申报,同时,申报者还有相应的岗位职责,需要教师在相应工作岗位上承担相应的职责,努力成为一个合格且优秀的教师。

翁小小学正高教师岗位任职条件

1. 学历与资历要求

本科学历,任职六级岗位满3年,首次聘任需六级岗位满6年,以后设岗按相关规定进行。

2. 教育工作要求

(1) 积极参与学生思想教育工作,任现职以来担任班主任、少先队辅导员、课外活动小组指导教师、教研组长、备课组长、从事中层等教育管理工作3年以上,或进行四班英语或毕业班语数外学科教学3年。

(2) 在担任班主任、教育管理等工作方面有丰富的经验和突出的成绩。任现职以来,本人或所带的班级、兴趣组、教研组、备课组、部门等获得市级以上表彰奖励2次,或获得校级以上表彰奖励3次。

3. 教学工作要求

(1) 具有本学科系统而坚实的理论知识和丰富的教学实践经验,掌握本学科的课程标准,能胜任本学科的教学工作;

(2) 在教育教学中成绩突出,教学内容正确,教学方法得当,教学效果好,获得校级以上骨干教师称号。任现职以来:开设校级以上教学公开课或讲座5次;有市级以上公开课或讲座2次以上,或在省级以上赛课、基本功竞赛等教学评比中获得一等奖以上。

4. 教科研工作要求

具有较强的创新意识和教科研能力,掌握教学改革发展的最新动态,积极参与专业建设,学科建设,课程改革,并取得显著成绩。任现职以来:(1) 论文或案例等教科研材料在市级以上发表或获奖3次;(2) 至少有2次在省级以上单位发表或获奖,有市级以上个人课题立项,参与省级以上课题研究并撰写研究论文。

5. 任现职以来,出现下列情况之一,不得申报现任教师专业技术岗位

向学生、家长索要收受礼品或钱物;或违反有关规定,从事有偿家教;或体罚、变相体罚学生;或有侮辱、歧视学生的言行;或参加赌博以及迷信活动;或擅自向学生推销各种报刊、资料、教辅用具或其它商品的,当年不得申报,情节严重者下一年度不得申报。

翁小小学正高级教师岗位职责

1. 具有良好的政治思想素质和职业道德，教书育人、爱岗敬业、为人师表，不从事有偿家教和其他职业。严格遵守法律法规与学校各项规章制度，按时出勤，认真参加各项会议与活动。任职期间，年度考核合格。

2. 积极开展学生思想教育及学校教育教学管理工作，具有丰富的学生教育与管理工作经验，担任班主任、少先队辅导员、课外活动小组指导教师、教研组长、从事中层领导等教育与管理工作，或四班英语教学。任职期间，本人或所带班级、课外活动小组、教研组、备课组、部门等有市级以上表彰奖励2次，校级表彰奖励3次。

3. 服从学校分工，完成规定的教学工作量。因课计划、学校性质、规模等原因而课时量偏少的学科，任课教师须有其他与教学有关的工作量作为补充。校长、副校长、中层在完成行政工作的基础上还要承担规定的教学任务。

4. 具有本学科系统的理论知识和丰富的教学实践经验，教学态度认真严谨，教学效果优良，在同年级、同学科中较为突出，能起到骨干示范作用。

5. 任职期间：(1)每学期开设校级及以上公开课或讲座；(2)有市级以上公开课或讲座，或市级以上公开课或讲座3次，或市级赛课和教学评比一等奖，或受到市级以上教育主管部门表彰。(3)教学常规达到合格以上；(4)教学技能考核合格。

6. 积极参加教科研活动。任职期间：(1)积极承担市级以上个人课题研究，或参与省级课题研究。(2)有市级以上论文、案例等发表或获奖4次，其中市级以上奖项1次、省级奖项1次。

其二，依标评选，砥砺班主任优秀。在翁小，班主任如何当，如何让自己更优秀，我们建立了相应的制度，定期根据相应的标准，对班主任的工作进行评价，选定班级工作优秀者，使他们成为其他班主任的榜样，砥砺翁小的班主任追求优秀，追求卓越。

翁垟二小优秀班主任评选标准

为进一步加强教师队伍建设和学校德育队伍建设,促进学校德育工作的深入开展,全面推进素质教育,经研究,决定每学期评选一次优秀班主任并予以表彰。

一、评选要求

1. 热爱教育事业,热爱学生,具有良好的师德师风。

2. 认真做好班主任工作,重视班集体建设,所教班级有较强的集体荣誉感和良好的班风。

3. 班级在学校各种常规检查中成绩良好,每月的班主任考核成绩良好。

4. 认真做好家访工作,家长对班主任工作感到满意。

5. 重视德育教育,积极开展班级活动,在各级各类比赛中获得好成绩(集体有市级以上荣誉优先考虑)。

6. 所教班级的教学成绩优良,学风好(在调研中班级成绩位居年级前列或进步较大)。

7. 教室环境布置温馨,班级卫生评比良好,班级财产保护得当。

8. 班级学生无重大违纪行为,社会反响良好。

9. 具有大胆实践探索的精神,主动积极地投身教科研工作,每学期均有一篇以上教育类文章获得校级以上荣誉。

10. 有下列情况之一者不得评为优秀:

① 体罚、变相体罚学生者;

② 违规收费者;

③ 因主观原因、工作方法不当造成班级学生重大违纪者;

④ 有重大违纪现象者。

二、评选时间

每个学期评选一次,评选时间为每年第一学期的1月,第二学期的6月。

三、评选方法

由学校德育领导小组进行考核,每学期对考核排名在前五位的,经校务会议讨论后,授予"优秀班主任"称号并颁发奖状予以表彰。

四、奖励办法

（略）

其三，设案选才，激励教师学习。做学习型教师是当今学校教师专业发展的诉求。作为一所充满生机的温州市示范性小学，为了让每一位教师都能够顺应时代前进的潮流，推进专业的发展，学校特制定了《学习型教师评选方案》，以制度激励教师学习，不断提升专业素养。方案明确了翁小学习型教师的定位、要求和评选程序，让每一个教师争创学习型教师，知道劲往哪处使、力向何方行。

一、学习型教师的定位

学习型教师是以学习为终身目标、以"乐学"求"善教"的好教师；是具有崇高师德、充满社会责任感和使命感的教师；是学术知识广博，专业技能熟练，教学水平较高的好教师；是热爱教育、善于合作，个性得到较为充分发展，具有教育特长的好教师。

二、学习型教师的要求

（一）学会做人

1. 具有正直、坦诚、坚毅、严谨的人生态度，为人堂堂正正、襟怀坦荡、积极乐观。

2. 具有高度的工作责任感，为人师表，关爱每一位学生。

3. 具有积极向上、搏击进取、荣辱不惊的心态。

（二）学会做事

1. 教学工作认真、负责、有实效，努力达到轻负优质的要求。敢于实践，勇于提炼自己的教学经验，具有正确、个性的教育教学理念和见解，能充分发挥自己的特长为教育教学服务。

2. 具有教育组织、学生管理、活动开展、心理疏导等教育专业能力，育人效果显著。

3. 有自己的科研课题，能实实在在地开展教育科学研究，并有一定的研究成果，一学期至少有一篇相关的专题小结（论文）。

（三）学会求知

1. 学历达到本科毕业，养成终身学习的习惯，不断更新教育教学理念。

2. 一学期学习有关教育教学的著作不少于 2 本，在校级以上范围内作一次有质量的学习专题讲座。

3. 加强各类知识的学习，注重文理知识的融会贯通，初步做到具有一专多能的技能结构。

（四）学会共处

1. 善于与他人合作，与同事团结和谐相处，乐于帮助他人，善于学习别人的优点长处。

2. 能处理好个人和集体的利益关系，积极参加各项集体活动。

三、学习型教师的评选程序

1. 成立学习型教师评选小组，负责学习型教师的评选审核。

2. 教师个人向评选小组提出书面申请，根据自己师德、教育、教学、科研等方面作小结，并提供有关材料。

3. 评选小组根据个人申报、实绩考评、专题答辩、学生座谈等方面的情况进行审核，并张榜公示。

其四，研究课题，提升教师品质。为加快翁小教育现代化建设步伐，充分调动教师教书育人的积极性，营造优质教育师生成长的环境，提炼和展现学校"童味教育"办学思想实践成果，翁小不仅组建了开展"童味教育"研究的课题组，而且以温州市教育局"一校一品牌、一校一特色"的文件精神为参照，结合学校教育实际，制定了"童味教育"课题组教师奖励办法。

翁小"童味教育"课题骨干教师奖励办法

一、考核对象

已经参加童味教育办学思想研究的课题组教师。如教师有意向想参加课题组研究,须向课题办申请。

二、考核要求与内容

1. 师德修养(10分)

根据《温州市中小学教师职业道德考核办法》(温教政【2008】14号),考核结果分为A、B、C、D四档,A、B、C档分别得分为10分、8分、5分。

2. 开设公开课、讲座(20分)

县级及以上公开课1次10分,校级公开课5分;校级及以上有关童味教育内容讲座1次计10分,学科组1次计5分。

3. 积极教育团队建设及成效(20分)

认真参加童味教育研究,按时参加各种童味教育研究会议,及时保质保量地完成童味教育指导专家或学校领导布置的任务,得分为20分,1次无故缺席或未完成作业任务扣5分,扣完为止。

4. 课题研究或论文撰写(15分)

县级及以上有关童味教育内容论文获奖、交流1篇计10分;有关童味教育内容课题负责人、执笔县级及以上课题10分(获奖15分),成员7分;校级课题8分,参与5分。

5. 自我发展及教育教学创新(15分)

每学年有完整的自我发展计划(包括:一、专业发展状况自我剖析;二、师德提高,教育教学、科研、读书计划;三、专业发展期望)。此项共5分,酌情计分。

在教育教学工作中有实践创新、理论创新、制度创新等,并发挥自己特长,在创建特色社团、拓展性课程、教学法研究、艺术特色等方面有成绩。此项共10分,酌情计分。

6. 完成学校本职工作(20分)

完成学校各项工作,遵守学校规章制度,在学校年度考核中,优秀16—20分,一般8—15分,较差0—7分。月考核中有一次一项不合格的,此项不计分。

三、考核办法及程序

1. 学校成立童味教育研究骨干考核领导小组,根据考核内容和标准对照审核,量化评分。

2. 考核程序为：公布考核办法，个人对照自评，组织领导小组考核，梳理考核结果，公布结果公示。

四、奖惩办法

1. 考核工作每学年一次，安排在每学年末，80分以上为学年度合格，每年奖励800元。

2. 考核不合格的童味教育研究骨干教师不给予奖励，限期要求整改保留成员资格，整改不到位的取消成员资格。

(二) 为儿童，家长见证奇迹

管理好不好，从工作角度看，就是学校践行校本教育的工作是否做得好。翁小自践行"童味教育"以来，狠抓管理，将办学理念延展于学校各项工作之中，使学校发展不断迈上新台阶，更让家长见证了童味自来的办学奇迹。

家长马旭强先生从孩子马一哲的小学生活中，看到翁小践行"童味教育"给孩子带来的变化。于是，2018年3月21日凌晨，马先生这样写自己孩子的在校生活——

小学的活动是多姿多彩的，马一哲小朋友自从入学以来，短短的一年半时间里，积极参与了学校以及班级组织的各类活动，深刻体会了学校关于"童味教育"这种理念的意义所在。学校组织了丰富多彩的活动，特别符合小朋友年龄的特点，并能够调动家长积极性，家长能配合学校和孩子一起参与。在过去的一年半时间里，小朋友得到了十足的进步和提高，充实而快乐。下面简单罗列一下小马同学参加的一系列活动情况，以及简单的心得总结。

一、演讲朗诵类活动

1. 参加学校组织的读书节朗诵比赛，和班级同学一起朗诵《假如我是一只小鸟》。
2. 参加学校组织的英语节活动，精心准备了《英语脱口秀》节目。

3. 参加学校组织的爱国主义教育讲故事比赛——《革命烈士夏明翰》。

演讲朗诵类的活动,对小朋友来讲,其实是有相当大的难度和挑战的。每一次的比赛,都需要家长以及小朋友投入大量的时间去背诵,训练各种演讲技能、胆量、台风等等。但每一次的参加都是很好的锻炼机会,小朋友也通过自己的坚持和努力,不断地得到进步。迈出第一步总是困难的,坚持更是难能可贵的。有句话是这么说的:种一棵树,最好的时间是十年前,其次是现在。作为家长,我想:小朋友在求学阶段所参与的每一项积极的活动,都会不知不觉中影响着他的价值观和人生观,都会是有意义的选择。

二、家校互动

1. "以物换物",校园跳蚤市场。

2. 古诗词诵读,家长一起参与考核当"考官"。

3. 家长开放日,一起体验童趣课堂。

4. 参加校园亲子运动会。

5. 参加校园教学楼、道路等名字设计。

6. 支持"慈善一日捐"活动。

家校互动是教育中不可或缺的一个重要环节,有了家长的参与,能让家长更加体会到家长也是学校的一分子,也能积极配合学校老师共同教育好孩子,同时也可以起到一定的督促作用。政府、学校、社会、家长等多方面积极和谐参与管理,校园建设才会更好地良性发展,教育才会真正人性化,合理化。

三、科技艺术文化节

1. 参加校园"七巧板"比赛、口算比赛。

2. 参加校园"纸飞机"比赛。

3. 参加校园"油纸伞"彩绘比赛。

4. 参加校园"文明校园"绘画比赛。

"每个大人都曾经是个孩子,只是大多数人都忘记了。"这类活动,家长准备配合的工作也不可或缺,能够和小朋友一起参与准备活动,也是能够更好地了解小朋友不同阶段的心理、能力特点,更好地了解自己的孩子的机会,并学习其他优秀孩子的优点。这类拓展类的活动非常不错,应该有更多的形式。

四、荣誉类活动

1. 入队仪式,小朋友代表新队员讲话。
2. 参加"小记者站基地",努力成为一名小记者。
3. 荣获校园"童味之星"称号。

生活需要仪式感,学习也是如此。马一哲小朋友的求学之路才刚刚起步,非常感谢学校组织的如此丰富且具有特色的各类活动,小朋友能有机会参与并认真准备,积极对待,我想这些都将成为他成长进步中的痕迹。最后祝翁垟二小的"童味教育"取得非凡实效,祝学校更上一层楼!

在翁小践行"童味教育"八周年之际,家长们纷纷点赞学校的教育价值,用他们独特的眼光来衡量"童味自来"的办学意蕴。

301班的陈一川家长这样感恩:鲲鹏展翅因有你。

那一天,我生命中最亲爱的那个他,用稚嫩的肩膀背起书包踏进翁垟二小。我想纵使是一只小小的苍鹰终要在太阳的光辉下,飞出来,嬉戏、盘旋。这一刻我一半喜、一半忧,既喜,怎能不忧?

望着他走进教室的背影,独自恹恹期望着……

放学后,扑进怀里的是一个大大的笑脸,孩子迫不及待的快乐瞬间感动了我。一天天、一年年,在孩子的每一点分享里,我看到了翁垟二小一个个充满童味的课程、一份份洋溢童趣的教学、一次次巧设童真的活动、一位位充满童心的老师。那是多么独具匠心的教育,让孩子们在七彩的世界里享受教育,如同菩提树下的荫凉自在、自由、自得。学习生活中的波浪也不再是颠簸,那是秋天稻菽的千重浪,孩子们是快乐自信弄潮儿,鼓满那幸福的帆篷。

值此翁垟二小"童味教育"八周年,致谢翁垟二小,鲲鹏展翅因有你,祝愿我们的学校永远是孩子们最甜蜜的回忆。

当自己的孩子陈睿道已在翁小学习 6 年,就要毕业,喜迎翁小"童味教育"八周年之际,感恩的话语娓娓道来——

三月的花草声袅袅细语,细数时光的匆忙,突然惊觉六年的时光已悄然流逝。六年时光宛如奔腾的小溪,在翁垟二小蜿蜒,亲爱的孩子,你是那小溪中欢快成长的小鱼,如今那个小小的你长成大大的你,让我们一起感恩母校!

回顾你童年的每个印记,感恩母校让你度过了一个真正的童年。那是每一堂课上的童趣十足;那是每一声教导上的童真漫漫;那是每一次活动的童乐巧思;那更是每一位老师的铮铮童心……

感恩母校,感恩母校的"童味教育",值此翁垟二小童味教育八周年,虽然即将离别,但惆怅和忧思抵不过这一份在此成长的自豪和喜悦。我们永远不会忘记翁垟二小在我们生命中的那份路过,那份有心、有爱的路过!

102 班的郑昊哲妈妈用她诗性的笔触,传递出翁小正是她"心中的校园"——

是你,
让我在人生中有了好的开始。
是你,
激起了我对知识的渴望。
是你,
助我成才,助我飞翔。

你教会了我,
赠人以鲜花,手留余香。
你教会了我,

第二章 管理馨童　61

赠人以微笑，心留愉悦。

今天，
我要将最美的鲜花，
今天，
我要将最甜美的微笑，
赠予你，
我最亲爱的学校。
我心里永远屹立不倒的丰碑。

第三章 教师悦童

　　一个孩子就是一粒种子,一旦获得适宜的阳光雨露,就能茁壮成长。教师就是孩子们的阳光雨露,以一颗永远年轻的心,走进孩子们的心灵,去理解他们,热爱他们,千方百计地为他们着想,成为一个饱含童味的大儿童。到了这样的学校:你看,每个孩子的个性正飞扬;你听,那时刻即来的花开声音;你找,幸福是多么熙熙攘攘。

用童味拥抱你
你就多了一份年轻的心态
用童味拥抱你
你就多了一种生活的诗意
用童味拥抱你
你就多了一股孩童的激情
用童味拥抱你
你就多了一颗纯洁的心灵
用童味拥抱你
你就多了一天无邪的快乐
用童味拥抱你
你就多了一个伟大的抱负

你看,每个孩子的个性正飞扬
你听,那时刻即来的花开声音
你找,幸福是多么熙熙攘攘

第一节 教师：儿童立场

一个孩子就是一粒种子，有着强韧的生长渴念，一旦获得适宜的阳光雨露，就能破土而出，茁壮成长。教师就是孩子们的阳光雨露，以一颗永远年轻的心，走进孩子们的心灵，去理解孩子，热爱孩子，千方百计地为孩子们着想，与孩子们一起生活、学习，与孩子们共同成长，成为一个富有童心、饱含童味的大儿童。

一、向儿童学习的领路人

儿童立场教师范式的建构，从理论维度讲，儿童立场教师突破了传统的师道尊卑的弊端，具有大童化、悦童化、学童化的特征；在其实践路径上，我们应基于儿童立场，树立教师就是一个长大的儿童的理念，让教师在想儿童所想的立德树人过程中，成长为能够使儿童欢悦、向儿童学习的教育创新的领路人。

（一）为儿童，发挥教师价值

师者，传道授业解惑也。传道而道入人心，授业而业展人能，解惑而惑启人智，为师者的价值尽显。师者价值的发挥，即学生之成长之福，更是自己之完善之福。"从教师的个体性和职业性来看，其价值是促进教师个人和学生健康成长及逐步完善的过程，而教师价值实现的两大根本前提是教师自身发展和促进学生的真正自由发展。"①只有教师个人和学生在教育教学中获得相长共进,才意味着教师价值的显现。

从教师角度看,教师既是价值主体,又是价值客体。作为价值主体的教师,其价值发挥得以满足,源于作为价值客体的学生、家长和社会。当整个社会具有尊师重教的文化格局,教师与学生对教师能够给予极大的认同、尊敬、理解与支持,使教师的政治价值、经济价值、生活价值和社会价值得到保障时,教师价值将会得到最大程度的发挥。

作为价值客体的教师,其知识、技能、经验与修养等为师之本获得持续提高,才能显现出教师价值的发挥。也就是说,教师发挥其价值在于学生的成长,其体现的过程是教育教学实践活动及其结果,且教师的知识、技能、经验与修养的释放能够促使学生健康成长。学生因教师引领而获得成长需求的满足,意味着价值客体的教师发挥了其价值。

基于儿童立场,让他们像一粒粒种子一样生根发芽、茁壮成长,教师更应发挥其应有的价值。从教师作为价值主体看,为儿童而发挥教师价值,就是要让教师如大儿童一般茁壮成长;从教师作为价值客体看,为儿童而发挥教师价值,就是要让教师助力儿童茁壮成长。

其一,让教师如大儿童一般茁壮成长。当教师视己为教育教学的价值主体,就能怀抱立德树人的理想,不断地学习,汲取各种先进文化和知识,紧跟时代发展的步伐,扎根于教育教学实践,深入研究,砥砺奋进,不断地超越自我,使自己成长为一个合格又优秀的教师,进而在这一持续进取的过程中,发挥价值,培养优秀学生。秉持儿童立场的教师,能够怀童心立师德,乐于用师德点亮孩子的心灯;能够含童性树新人,乐于用师能提升孩子的学力,尽最大努力满足学生健康快乐成长的需要,而自己也在立德树人的过程中如大儿童一般茁壮成长。

其二,让教师助力儿童持续茁壮成长。当教师视己为教育教学的价值客体,就能将教育教学活动的关注点放在学生身上,一切从学生出发,审视教育教学活动是否有利于学生成长,是否能够促使学生健康快乐,尽心尽力地开展教育教学活动,以满足孩

---

① 吴文胜.论教师政策变迁视野下的教师价值[J].教育理论与实践.2014(11).

子的成长需求,绽放为人之师的风采。秉持儿童立场的教师能够把自己变成孩子,尽心地去理解孩子、尊重孩子,用孩子喜欢的方式开展教育教学活动,充分释放知识、技能、经验与修养的力量,激发学生的积极主动性,点燃学生的学习热情,催生学生的情智才慧,助力孩子从一棵棵小树苗长成一棵棵参天大树。

(二) 为儿童,吸纳教师经验

谁赢得了今天的教师,谁就赢得了明天的教育。教师在可持续发展之路上成就专业,是教育改革和发展的主题和关键。打造一支优秀的与学校文化耦合的教师队伍,是一所学校可持续发展的根本。基于儿童立场,一切为了儿童的发展,我们要广泛吸纳教师发展的经验,让教师迈步在培养人才、追求卓越、成全自己的专业发展之路上。

其一,以服务学生发展为己任是教师立德树人的理想。有责任有担当是教师胜任职业、教书育人、成就自我的基础。没有责任心的教师,不可能优秀。只有以服务学生的发展为己任的教师,才能以无私奉献的情怀,以倾心教育的激情,培养出好的学生。教师一旦把服务于学生的发展作为自己的天职,就能积极进取,创新性地开展工作,就能勤于学习,深入实践,以切实的行动锤炼技能技艺,多向度地提高教育教学水平;就能与同事通力协作,与家长协同育人,与学生和谐共进,创造共生共荣为生优的教育景象;就能善于反思,品悟人生,提升自我思想境界,培育具大气有风度展师能扬风采的立德树人的发展格局。

其二,以践行教育主张为要务是教师立德树人的作为。过有主张的教育生活,是教师焕发思想光芒,展现行动效能的体现。有教育主张的教师,对于什么是理想的教育,如何教育好孩子,在德育教学管理等方面如何引领学生健康快乐成长等,都会有自己的见解,而这些见解一旦在实践探索中得以操练,必将提升教师的专业水平,提高学生的综合素质。为了让儿童过富有童味、充满童趣的学习生活,我们教师更应凝练属于自己的适合学生发展的教育主张,并延展为教学主张、管理主张、德育主张,进而以其为引领,在教育教学活动中展开系统的理论与实践研究,展现教育教学的张力。如此,我们教师便能够从合格走向优秀、走向卓越。

其三,以展现教育成果为绩效是教师立德树人的活力。一个有追求的教师,一定是一个以服务学生发展为己任的教师,一定是一个以践行教育主张为要务的教师,而在担当为师之责的过程中,在演绎教育主张的过程中,教师能够因扎根教育教学实践活动而积累丰富的教书育人的经验,能够因勤于教育教学反思而形成系列教书育人的思考,以此为基础,一个教师的专业生活就可以梳理与总结出诸多教育教学成果,从而实现自我超越的专业成长。如果一个教师不只是以分数论英雄,而是既能视有效地提高学生的综合素质为标尺,又能以展现教育成果为绩效,那么,他就会在坚守并践行自己的教育主张过程中,以观点、立场、见解和例证等来分享自己教书育人的特色,呈现自己富有成果的专业风格。

二、向儿童奋进的先行者

教师作为一个价值主客体、教育主客体和专业主客体,有其独特的样态。儿童立场教师的打造,需要学校建构教师与学生共成长的专业体系,促使教师拥有一种发挥立德树人价值,生成有利师生的教育生活。在信奉儿童立场的教育情境中,我们的教师蹲下身子,俨然一个大儿童,与孩子们一起,充满欢声笑语,幸福地享受童味正醇的教育生活。

(一) 为儿童,提升专业素养

儿童的成长充满无限可能性,这需要教师不断改变自己,不断地提升专业素养,进而能够重新认识儿童,引领儿童发现与开发他们自身的无限可能性,促使儿童茁壮成长。为了推进"童味教育"的践行,促进教师的专业成长,提升教师的形象,翁小开展了"童心教师"系列修炼工程。

其一,树形象,巧说话。美好的教师形象代表了学校的形象,让教师学会依据自己的性格塑造自己的形象,形成自身专业人士的仪态礼貌,将会给学校和个人的发展带来重要的影响。学校通过礼仪讲座,"童心教师"应该有怎样的形象的讨论等方式让每位教师都认识到应该如何修炼自己的形象。

教师的思想和水平很大程度上都是靠语言来传递的,如何更好地与不同类型的学生、家长沟通,如何与自己的同事有更好的语言交流需要教师进行琢磨。教师应有意识地积累语言素材,模仿其他优秀教师的语言表达,内化为自己的语言。为此,我们开展包括童味教育课堂教学用语、童馨德育用语、同事交流用语、家长沟通用语、心理健康谈话用语等在内的童心教师语言征集活动,对征集的用语整理后进行分门别类,打印成小手册,人手一份诵读应用,并在日常听课等活动中进行督促检查。最后汇编成童味语言 100 句,充分展现教师人格魅力与童趣的语言。

其二,抓学习,提素养。我们在教师办公室设有书柜,为每个办公室订购了报纸和杂志,使老师们能不断开拓视野,聆听最新的最前沿的教育改革之音。学校"1+1 读书俱乐部"每学期有计划有目的,有选择地阅读名著,可以快速促进教师专业成长。同时,我们通过开展学术沙龙,引领教师碰撞思维,飞扬激情。学校每个学期举办 1—2 次学术沙龙活动,讨论教育教学热点难点重点问题,在思辨交流过程中,碰撞思维,飞扬激情。

为展示教师特长,挖掘校本培训的内在资源,我们开设了童心教师大讲坛,让有特长、有经验、有感想的骨干教师走上讲坛,开讲教师百家讲坛。讲坛自开讲以来,广泛挖掘本校教师的潜力,发挥家长的职能,让整个讲坛呈现出百花齐放的景象,所讲内容既有专家的高瞻远瞩,又有平凡教师的实践经验,既有女教师心仪的美容知识,又有男教师热爱的爱车保养,涉及的面广,讲授的形式新颖,让我们受益匪浅。这样的讲坛,在潜移默化中提升了教师们的学术素养。

其三,铸风格,炼主张。萧伯纳曾经说过这样的话:"一个人要是没有什么主张,他就不会有风格,也不可能有。一个人的风格有多大力量,就看他对自己的主张感觉得有多么强烈,他的信念有多么坚定。"真正的名师都有自己的教学主张。基此,学校开展教学,主张校本培训项目,提炼"我的教学主张",助推名师的成长。其操作如下:设计表格式的提炼表;专家指导点拨,确立教学主张;提炼丰富,写出教学主张的论文。通过一步步的深入,全校 100% 老师都提出了自己的教学主张,80% 提炼了自己的教学主张。

其四,著建模,结硕果。在提炼"我的教学主张"活动的基础上,引领教师为自己的教学主张进行教学建模,有 28 位教师一路坚持走了下来,完整地形成了自己教学主张与建模,并围绕自己的教学建模上了一堂课,学校汇编成书——《童味教育的姿态——幸福教师的 28 个教学智慧》出版。

其五,修师德,深研究。教师只有深刻地认识儿童的世界,才能进入儿童的世界;教师只有进入儿童的世界,才能与儿童手牵手、心连心,进而解放儿童,让儿童在成长中体验到自由与欢乐,教师只有让儿童幸福才能体会到教师职业的幸福。为此,教师可以通过加强对儿童的研究促进教师的专业发展,并在此过程中,激发教师创造性潜能。学校可以定期举办各种研究活动,为教师专业发展提供创意设计的技能培训,使教师人人了解学校教育教学创意设计的特点和实践要点。还可以每学期开展一次教师创意交流展示活动。在创意方案中,教师发现可挖掘和培育的教育教学经验。我们汇聚教师创意,推进教师传统教育教学观念和行为的切实转变,凝练教师自己的话语体系,提高教师参加校外教研、科研活动的交流水平。

教师专业发展是一个多方面的修炼过程。促进教师专业发展,教师必须从精神、形象、语言、技能、师德、文化以及教育研究能力等方面加强修炼,从而培养教师的职业认同感、宽厚扎实的文化底蕴、较强的学科素养和较高的教学智慧、较强的课程开发和教学科研能力、较强的团队合作意识和高尚的品德。

(二) 为儿童,提炼教学主张

教学有主张意味着教师对自己的教学拥有独到的见解,也就会在教学实践中为实现自己的教学追求而采取切实有效的行动。基于儿童立场,一切为了儿童的发展,教师凝练自己的教学主张,教学中就能展现出学生学习潜能被不断点燃的课堂活力,就能展现出学生学习风采被不断释放的课堂魅力。翁小的教师正是如此,他们的教学主张呈现的就是为儿童而活课堂的教学价值。

其一,语文教学主张的张力。在翁小语文教师的眼里,语文教学自有其道,基于童心立场的语文教学自有其味。他们把握其道各有不同,品味其味也各有差异。于是,语文即根基,语文即美趣,语文即协和,语文即清新,便成为翁小语文教师的教学主张。于是,他们主张,语文即点燃兴趣,语文即绽放精彩,语文即催生灵动,语文即引领自悟。于是,语文是真情的,语文是绿色的,语文是简约的,语文是快乐的,语文是情理的,成为他们对语文教学的追求。

卢颖颖老师主张"美趣"语文,追求更美丽的语文课堂教学,并致力于在语文教学实践中呈现出美趣语文的追求:朴实为本、轻松为妙、朴实为绝、简约为美。她提炼了

"美趣"语文的四大实施策略——

美趣语文的教学策略：简化课堂提问。

——问题要少而精。问题太多学生应接不暇，哪有时间思考？问题少而精，重点突出，有利于抓住主要矛盾，集中力量解决主要矛盾，这样学生的思维才能得到发展。

——问题要有思考价值。语文课堂上常常听到教师提出一些不值得思考的问题，思考和讨论这类没有思考价值的问题，只能白白浪费学生的时间。要提问那些能够牵动全局的问题、关键性的问题，思考这些有思考价值的问题，学生的思维才能得到发展。

——问题要适度。要根据学生实际和教材实际，有的放矢地提问。否则，问题过难，学生望而生畏；问题过易，学生认为不值得一答，都达不到启发思考的目的。

——提出问题后要给予充分的思考和讨论时间。当前，课堂上很多提问，都是发问的话音刚落就找学生回答。若不是事先布置或问题过于简单，怕是学生根本就答不上。不给学生充分的思考和讨论的时间，怎么能培养学生的思维能力？

美趣语文的教学策略：简化教学环节。

——抓住"文眼"，顺藤摸瓜。每一篇文章都有"文眼"：或题目，或重点句、关键词。抓住文章的这些关键处，从整体着眼，顺藤摸瓜，梳理经纬，可以帮助学生有效把握文章的主要内容，体会文章表达的思想感情，从而逐步培养学生的语文素养。

——抓住"板块"，切分连缀。板块教学是把课文按照各个不同部分，分成几个"块"状的教学内容，"一块一块地来落实"。实行板块教学，可以最大限度地给学生创设"自主、合作、探究"的平台。

美趣语文的教学策略：简洁教学语言。

——教师的教学语言要干净利落，有的放矢。教师要根据不同学生的年龄特点，使用他们容易接受和理解的话语，要准确无误，不绕圈子，用最短的时间传递最多的信息，用最简单的语言引导学生生动、有效地学习，拉动学生最丰富的情感体验，情知互动，简洁高效。

> 美趣语文的教学策略：简易教学媒体。
> ——多媒体在语文教学中只能担当调味品，教师适当运用简单多媒体画面内容，引导学生回归文本，探究作者是运用哪些语言材料和艺术手法，来塑造人物或描绘景物的。这才是我们语文教学的重点和根本任务，这样的语文课才清淡又美味幽远。

语文是有生命的，语文的学习应该是在活生生的动态的语言环境中进行的。语文课程标准呼唤人文精神的教育，呼唤充满生命温暖的课堂，为此，王洋哲老师倡导"灵动语文"，让语文课堂成为灵动的课堂。

在王洋哲老师看来，灵动语文可以通过多种互动来表现灵动：一是师生互动，二是生生互动；也可以通过融合冲突来构筑灵动：一是语文教学中情与理冲突的融合，二是语文教学中预设与生成冲突的融合。

教学《宿新市徐公店》理解"树头花落未成阴"时，王洋哲老师是这样与学生互动而表现灵动的——

师：同学们，通过刚才的自学，这一句你们觉得可以怎样理解？

生1：王老师，它就是说树上的花落了，未成为茂密。我从《词语手册》上看到"荫"的意思是"茂密"。

生2：王老师，我觉得他这样解释读起来不是很通顺，我们两个（指同桌）讨论后认为应该是"树上的花落了，叶子长得还不是很茂密。"因为我觉得"未"的意思大概是"没有、不是"，然后我看了插图，插图上树的叶子是很稀疏的。

师：有道理，你用猜猜、看看的方法也不错。谁还有更准确的说法？

生3：我觉得"花落了"应该解释为"花凋谢了"。

师：你们以为呢？

师：是的，同学们通过各种方法来学习真是不错，这句话的意思理解得就更准确了，其实学习遇到困难时动动脑子还是有很多办法的。

简约的教学,既不是漫无边际的"胡侃",也不是刻意地"精雕细琢"。朴实、平实,让语文教学摒弃浮华、回归本真,让课堂充盈文化的气息,让语文为学生生命成长奠基,并让学生在学习语文的过程中受到精神的滋养,打下亮丽的精神底色,这既是我们广大小学语文教师不懈追求着的新课程理念下的小学语文课堂,也是王娥微老师对语文教学的理解。

王娥微老师认为:简约教学,是指高度概括性的教学设计与实践过程,它不仅表现在形式上简洁明了,更体现在教学内容、教学方法与思维训练上的深入浅出、通俗易懂。基于简约教学主张,王娥微老师与学生一道,让语文教学绽放着那独特的光彩。

简约语文:教学内容简要,精辟。——记得我在教四年级上册选学课文《麻雀》一课时,在众多的思路中,我紧抓其中的一条"老麻雀的勇敢无畏。"在自己孩子碰到危险时,毅然决然地冲下来,与大猎狗较量。最终连"我"这样捕杀动物不眨眼的猎人也被征服了。全文我就抓住"麻雀妈妈的英勇"展开教学,抓重点语句进行分析,学生的思维总能随着老麻雀的行动而紧张、揪心。我想抓住文本的细节描写为主题服务,这样的材料才会更有价值。

简约语文:课堂环节简单、厚实。——我在教学《浅水湾里的小鱼》这篇课文时,为了让孩子体会小男孩很在乎那些小鱼,很珍爱小鱼的生命,我抓住"不停"、"弯下腰"、"捡起"、"用力扔"等词语,让他们表演"弯腰捡鱼、扔鱼"的动作。坚持一分钟后,问他们的感受,通过亲自体验,感受捡鱼的累,再让孩子在这体验的基础上朗读句子。第二遍读时,我提醒:听同学们声音这么响亮,一点都不觉得累呀?学生立即明白了我的意思,马上放低声音读。通过重点词语的动作再现,让孩子在读文中体验捡鱼、扔鱼的辛苦,为下文的"执着、不怕累"及"珍爱生命"做好了铺垫。在关键处抓动词让儿童表演一下,会让人收到意想不到的朗读效果。另外,我在教《从现在开始》一课时,也设计了一块让学生表演的内容,就是让孩子学袋鼠跳一分钟,目的是想让他们亲身感受一下动物们整天跳着走路的艰辛、痛苦。当孩子们一个个跳得面红耳赤,发出一句句真实感叹时,那份累、那份无奈在朗读中就得以升华了。

> 简约语文：教学评价简洁、真诚。——在课堂教学中，还要有多样、灵活、生动、丰富的评价语，使学生如坐春风，课堂内总是生机勃勃。就拿读完题目后来讲，对学生的评价语言就非常富有表现力和感召力。"读得真不错！""大家听了都在佩服你念得好！""这个句子你读得多好呀！请你再读一遍，大家仔细听听！""老师都被你读得感动了。""你念得比老师还要棒！""到目前为止，你是念得最出色的一个！""老师觉得，你长大肯定能当一个播音员！"……如此生动、亲切、明朗的语言，学生听后怎么会不被深深感染？怎么会不大受激励呢？学生们跃跃欲试，一个个教学的高潮正是如此形成的。可以说，生动丰富的评价语言最大程度地调动了学生学习的主动性、积极性，活跃了课堂的气氛。

简约教学，就是简单到极致，就是美丽；简约的教学课堂，剔除喧嚣与华丽，这是一种风格，一种气质，一种内涵。只要我们捧出一颗对教育虔诚、对学生真诚的心，倡导"简简单单教语文，本本分分为学生、扎扎实实求发展"的语文教学理念，我们相信，在大家的共同思索、共同努力下，一定会迎来我们小学语文教学改革的美丽春天！

同样，语文也是可以自悟的。《语文课程标准》指出"阅读是个性化行为"，揭示了阅读活动的本质：阅读是一种个性化的创造性活动。阅读不应以教师的讲解分析代替学生的阅读实践，而应该让学生自读自悟，积极主动地思考、寻求问题的答案，通过个性化的阅读积累、个性化的思考、表达使"个性"在阅读教学中闪光。于是，王飞飞老师把她的教学主张提炼为：自悟语文。对于这一教学主张，她认为在教育教学时，教师要尊重和保护学生学习的自主性和积极性，鼓励他们运用多种方式，从不同角度，进行多样化的探究，让他们通过自身的阅读实践，自己发现问题、自己分析问题、自己解决问题，全面提高语文素养。

1. 个性阅读：自悟语文的重心

在阅读教学过程中，我尽量避免简单的知识传授，避免用教师的分析来代替学生的阅读实践。先放手让学生阅读课文,给学生较多的时间,让学生反复充分地阅读,有时间思考,使他们能够形成独特感受、体验、理解。在此基础上,让学生谈自己的阅读体验,评价作者,评价文章观点,培养鉴赏阅读技巧。在学生交流的过程中,我有时提出疑问,有时发表自己观点,与学生一起讨论交流,大家各抒己见,互相启发。学生有时观点显得幼稚可笑,有时又奇异怪诞,但都是他们自己独立思考的结果,都是他们独特的感受体验理解。

在平时的教学中,我还很注意给学生创造阅读情境。或是给同学们提供一组音乐,通过音乐串联阅读内容,启迪学生创造性思维;或是提出一组能激起学生思辨的对立的观点,让学生分成正方反方各抒己见,争个高下;或是起一个开头,让学生以己之情思接着往下读;或是模拟法庭,引发学生控诉辩论;或是提出一种值得思考注意的生活现象,让学生浮想联翩。我想方设法让学生观察、思考、联想,激发学生情感体验,激发学生内心表达的欲望。学生在阅读中,或气满声高、或气平声柔、或气短声促、或气粗声重、或气足声硬、或气舒声平。可谓异彩纷呈、千姿百态。

2. 生活习作:自悟语文的表达

在新课程改革的不断实践中,我们发现,在习作教学中,我们要重点解决、首先解决的是指导好学生"写什么",因为没有解决"写什么","怎么写"也就毫无意义了。我们广大教师常常会忽视学生的生活积累,学生也常常慨叹自己的生活就像一张白纸,平淡无奇、波澜不惊。其实学生并不是缺少生活,更多的是缺少唤醒记忆与积累的渠道和方法。说是写的前提,对小学生而言,说似乎比写要容易些。因此,要让学生写好,首先得让学生说好。

语文的外延即生活,那么,我们可以说习作就是说生活,写生活。既然是生活,就应该是经历过的,可以触摸的,可以感知的。冰心说过:"心里有什么,笔下写什么,此时此地只有'我'……只听凭此时此地的思潮自由奔放,从脑中流到指上,从指上落到笔尖。微笑也好,深愁也好,洒洒落落,自自然然地画到纸上。"我想,只有学生对自己的生活有了真实的体验,有了自己不得不说的故事,才能达到"思潮自由奔放",才能进入"洒洒落落、自自然然"的习作境地。儿童习作是一种长期的积淀过程,它展现的是一种富有童真、童趣的儿童味,只要我们坚持不懈,定能唤起儿童习作的本来面目,定能让习作中的儿童味绽放光彩。

3. 恰切评价：自悟语文的实践

聊天式的评价，感受师生平等。我曾听一位学生朗读《地震中的父与子》，他读得那么小心翼翼，生怕读错了字，但我觉得他很真实，而且能把当时的情景读得很压抑。我给他的评语是：你很不错！其实许多同学都和你一样。如果是把情感放在阅读的第一位，我想你肯定会读得更棒，你能注意到把字读准，真让我高兴。当这位学生听了我给他的评语后，非常高兴，觉得老师也不会笑他，还挺理解他，在以后的一段时间训练，他的进步与之前不可同日而语。这样的评价，即肯定了阅读者的长处，又使评价者本身从中得到潜意识的启发，既而鼓励学生吐真情、说真话。

鼓励式的评价，激发阅读欲望。一个班级，难免有许多学生的阅读水平不尽人意。评价"差生"阅读时，要高抬贵手，采用"角色对换"的方式，对待他们的阅读。用发展的眼光发现他们的点滴进步，并及时肯定。每次在"差生"阅读结束之时，我总不忘说这么一句话：你真棒，今天的阅读水平又有了进步。我想学生听了这样的评价定会感到亲切，从而提高他们阅读的自觉性。

赞美式的评价，体会成功的喜悦。我们班的彭瑞艺同学在信中写道：王老师，我觉得你平时有点凶，不过我还是喜欢你的凶，因为你是想同学们好。每一次你生气时，我都很紧张。有一次，我上课开小差了，你严厉地批评了我，我当时伤心地哭了。可后来一想，你是为我好呀！又有一次，厉加涵同学的课堂作业本丢了，你不但没批评，还把自己的作业本给了他，我觉得你很关心同学。不过我还是要对你说，以后别生气，因为你一生气，我们大家都很紧张。多么真挚的语言，多么美好的心愿呀！我忍不住地在作文边写上：你真是一个善解人意的女孩子，有你这样坦诚的学生，老师很高兴，希望你今后多给老师提意见好吗？瑞艺同学后来悄悄对我说："王老师，我还以为你会批评我，结果你还夸我。"像这样的同学很多很多，我都给予他们诚恳的表扬。

其二，数学教学主张的张力。提炼教学主张的过程，是教师提升教学水平与生命品质的过程。在教学主张的提炼过程中，教师的教学思想更聚焦，教师的教学活力更充沛，学生的学习效能更明显。翁小的数学教师喜欢从经验到走向理性，进行数学教学的系统思考,提炼自己的教学主张,进而在实践中展开有思想、有方向,操作顺、效能佳的教学,让童味弥漫课堂。

于是,快乐、动感、美智、试误、自能、情趣、减导、立体等词语便成为翁小数学老师教学主张的代名词,让数学教学既充满理性,又洋溢诗情,更活化学力。

郑伊是一个新老师,怀着满满的热情进入了新工作,心中怀揣着无数的设想和抱负。可是,一年的数学教学历程让她感受现实和梦想的背离。于是,一连串问题出现在她的反思中:从什么时候开始,小学生开始讨厌数学,厌恶数学,恐惧数学了?到底该如何做才能让学生喜欢数学、喜爱上数学课?如何让学生习惯用数学的思维方式思考生活中的问题?有反思,还要有行动,郑伊老师在实践中探索着自己的教学追求:快乐数学。

于是,郑伊老师有了自己的教学经验:注重把数学教育内容生活化、游戏化——活动内容选择生活化、在游戏中完成数学知识的教学;注重提供学习环境,使数学具体化——在教室里设立"数学角",每日贴出一道趣味数学题;注重教师在活动中的指导——抓住学生兴趣导入活动、在观察的基础上适时指导。

让数学课堂成为"动感地带",是何向丹老师的教学主张。她认为,在数学课堂教学中,教师可以通过创设生动的教学情境,并进行开放性的引导,让学生主体参与教学全过程,让学生动手操作、动脑思考、动口交流,让课堂显得"生动"、"活动"、"主动"、"互动"和"感动",努力让课堂成为一个独特的,孩子们喜欢的"动感地带"。

创设游戏性情境,提高学习兴趣。在教学《数的组成与分解》时,我设计了"找朋友"的游戏:参加游戏的小朋友头戴数字卡,伴随着"找呀找呀,找到一个好朋友"的旋律,相互找朋友,头饰上的数能组成需要分解的数,就是一对好朋友,相互拥抱一下;可以变换各种游戏形式,如师生、生生拍手对口令,可以玩手指或卡片游戏;可以把它编成学生喜爱的儿歌。伴随着模拟的声音和动作,学生真是高兴极了,不知不觉地巩固了所学知识。

在动态生成中探究数学。教学"找规律"一课时,有这样一道习题:1、2、4、( )、

( )、( )……要求学生在后面加上一些数,使这些数有规律。学生经过热烈的讨论、纷纷举起了小手。一个学生填出了第一个答案:7、11、16,理由是前后两个数的差依次为1、2、3、4、5、……,教师微笑着点点头;第二个学生想到了另一个填法:8、16、32,理由是前一个数重复相加为后一个数,教师满意地笑了。……教师环视着全班同学,似乎没什么问题,正好下课铃响了,教师准备课堂小结。这时,有一只小手怯生生地举起,又偷偷地放下,教师略显迟疑:"你还有什么问题吗?"学生说:"我想填1、2、4……"顿时,全班哄堂大笑,那位同学害羞地低下头。时间超过了,学生的想法太简单,教师完全可以作简单评价后下课。但这位教师没有这么做,而是示意大家安静,亲切地说:"你的想法不错,真了不起!大声说出你的理由,好吗?"那位学生昂起头说:"一年级的时候学过重复也是一种规律。"受这种想法的启发,学生们的热情一下子又高涨起来,又想到了另一种填法:1、2、9、1、2、16、……理由是前两个数重复,第三个数分别填2乘2,3乘3等等。时间已超过了2分钟,但同学们依然沉醉在寻找规律的兴奋中。课堂由"害羞低头"的"一潭死水"变成了"昂首挺胸"的"奔腾小溪"。面对这些即时生成的课程资源,教师应把握教学契机,激发学生参与课堂的热情,把这些有效的教学资源发扬光大,让师生有更广阔的思维空间,使课堂教学更加丰富多彩;让"死"的知识活起来,让"静"的课堂动起来。

数学教学中,往往会碰到这样的情况:我们强调的问题学生仍然出错!教学实际上是师生双向互动的过程。仅从这一点来看,造成教学的低效、无效至少有两方面原因:一方面,学生"学不会数学"或是"不愿学数学"确实会导致这种结果的出现;另一方面,教师"讲过好几次"而学生仍然出错,也有可能是"教"这方面出了问题。为此,翁小的王老师运用梅里尔教授"首要教学原理"中的"渐减指导"原理,建构了自己的"渐减指导教学法"。王老师的"渐减指导教学法是指在以问题为中心的基础上,在学生学习的任何阶段,随着学习的不断进展,都逐渐减少指导,最终放手让学生独立去学,使其学习得到促进。它既是一种有效教学的理论与实践样态,也是以目标内容为核心的教学的再创造。

在操作上,王老师的"渐减指导教学法"包括四个教学阶段:激活阶段——激活已有的知识且作为新学习的基础,促进学习(故事激活、情境激活、问题激活);展示阶段——向学习者展示新知识,促进学习;应用阶段(练习阶段)——学习者具体应用新知识,促进学习(概念教学、计算教学、应用题教学;整合阶段——当新知识整合到学习者实际生活中时,才能促进学习。

> 整合阶段:当新知识整合到学习者实际生活中时,才能促进学习。
>
> 学生学的知识能融会贯通,关注学生的自能发展过程,自能、自发、自信、自主地学习。学习者如果能够表现出在日常生活中改进技能,辨析知识和修正完善新知识,那就意味着他能够将学到的东西融会贯通到生活中。正所谓"一口吃不成一个胖子",我们在学习数学的时候,通常是分章节,分知识板块,循序渐进地进行的。有时候学到一个新的知识,老师常常会从熟悉的、已有的知识出发进行分析与探索,这说明知识之间是相互联系的。
>
> (1)从生活实践中引出数学知识——知识与实践的正向贯通。
>
> 脱离生活实际的数学,把数学知识的学习与学生身边的事物割裂开来,既不利于他们理解抽象概括的数学知识,又无法体会到学习数学的意义。教师在教学中,结合身边的事物引出数学知识,使学生们感到亲切、自然、易懂。例如,高年级学习长方体、正方体、圆柱体等形体的知识时,可以从观察生活中的物体形状入手,学生借助生活经验,通过观察就能很快地进入新课学习状态。教学"圆的认识"时,可以让学生讨论:车轮为什么是圆的?学生似乎很熟悉,却又讲不清楚道理所在,这样就产生浓厚兴趣;讲比例尺,从中国地图与照片入手,问学生为什么在地图和照片上感觉不到变形;教分数的意义从折纸、分饼、分苹果等游戏入手,欲扬先抑,在学生积累大量感性经验之后,顺理成章地引导他们说出分数的意义。
>
> 这种从生活实践中引出数学知识的贯通我们可以称之为"正向贯通",因为数学知识正是在这种正向贯通作用下产生的。这种正向贯通不仅能让学生知其然,还可以知其所以然,了解知识产生的背景,为数学学习打下坚实的生活基础。
>
> (2)在生活实践中运用数学知识——知识与生活实践的逆向贯通。
>
> 生活中的数学问题很多,往往有的教师不注意将数学知识与生活问题贯通,只有

在数学背景下引导学生把生活问题抽象为数学问题,进一步揭示具体事物和抽象概念之间的关系,才可以既加深对所学知识的理解,又有助于提高问题解决的能力。这样长期坚持,培养出来的学生一定是头脑灵活的小生活通。例如:帮助父母计算每个月的水电费、计算新房子的装修需要多少地砖、购买多少涂料、帮助父母计算银行存款利息、有的学生还能计算彩票、奖券等方面的问题。

(3) 开展丰富多彩的数学活动——知识、实践与创新的再贯通。

数学有广泛的应用价值。对这一点学生认识越深刻,学习的需要就越强烈。因此,教师在数学中可以利用不同的课型,开展一些有价值的数学活动。例如高年级数学活动课《秋游中的数学问题》从乘车开始一直到买门票,遇到一系列的数学问题,学生通过计算找到最佳方案。如果这样的活动经常进行,学生的发散性思维能力就会提高,往往就可以捕捉到创新的火花。数学课堂教学设计中设计一些开放题也可以起到激发学生思维创新的作用。再比如结合数学内容,组织学生开展社会调查、访问,了解数学的用途。时间一长,学生对与数学有关的事物就会关注,数学应用意识提高,在不断的积累中,就会有反思,提出一些有价值的问题:学了分数的意义,学生就会问为什么有的数不用整数表示就一定用分数表示?学了圆的认识后,学生问为什么自行车轮胎就这么大,是不是车轮大小与骑车速度之间有关系?学了按比例分配之后,有学生问是不是可以用按比例分配的思路去解所有的分数应用题?……面对这些五花八门的问题,有的可以因势利导,帮助学生了解,有的则可以放手让他们尝试、再发现。只要做到了书本知识、生活实践与再创造的结合,学生就离自主性学习不远了。

融会贯通,是我们追求的一种教学境界,这种境界达成也许需要很长时间,需要教师在理论知识、实践经验以及道德意志上不断磨练与提升。

翁小地处浙江乐清,堪称中国民间文艺之乡,而翁垟街道更被誉为"东海文化明珠",其特有的风土人情滋养着这方百姓。翁垟街道的地域特色、自然景观、文物古迹、地名沿革、历史变迁、社会发展以及民间艺术、民俗风情、名人轶事、语言文化,无论是自然地理资源、人文历史,还是社会发展资源,甚至本校环境、师资状况、家庭因素等都是宝贵的教育资源。为此,陈旭东老师立足孩子的身边事物,探索校本主题活动实施,并不断拓展延伸形成校本教材,进行了"乡土数学"的教学实践。

在乡土资源的开发和利用上,首先,要储备乡土资源,建立乡土资源库。从主体上来说,教师自己做一个有心人,收集整理一些乡土资源,也可发动本组教师收集,做好分工,实现资源共享,还可发动学生利用假期收集。从收集的途径来说,可从当地媒体上收集,如《乐清旅游网》《乐清信息网》《乐清教育信息网》《乐清新闻》《温州日报》《浙江日报》等;也可从学校图书室、市图书馆收集,还可从民间收集。然后将收集起来的各种乡土资源按乡土经济、乡土政治、乡土文化、乡土自然、乡土名人、乡土用具等类别建好乡土资源库,并不断地充实和完善。

为什么当老师将一些乡土资源引入课堂时,学生会表现出极大的学习兴趣呢?我想首要的原因应该是乡土资源是学生身边所熟知的事物,贴近学生生活,看得见,摸得着,有亲和力。这无疑给我们每位老师一个启示:课堂教学一定要贴近生活。这也正是新课改所倡导的理念。《新课标》指出:"本课程要立足于学生现实的生活经验,着眼于学生发展需求,把理论观点的阐述寓于社会生活的主题之中,构建学科知识与生活现象,理论逻辑与生活逻辑有机结合的课程模块。"

在教学《体积和面积的应用》时,我出示下面例题:明明家要修建长20米,宽24米,高2米的一段院墙(长方体形状)如果用长24厘米,宽12厘米,高8厘米的红砖去砌,请你帮忙估一估大约需要买多少块砖?众所周知:修建围墙之前,对需要的材料做一个预测和估计,是常有的事,能用数学的知识解决生活中的实际问题,是学生最乐意做的事情。再如教学《搭配》时,我摒弃课本的服装搭配,而是把学生熟知的海洋动物和动物的食物带入课堂,这样极大程度激发学生探知的欲望,同时还拓宽学生的视野,既为教学搭配渗入学生感兴趣的元素,同时把数学课与科学课密切整合一起。

其三,其他教学主张的张力。蒙台梭利说,"真正的幼儿教育,应该以活动为中心,观察孩子的天性,激发儿童的天性,发展儿童的天性,这才是教育的根本意义所在"。

苏霍姆林斯基说:"童年是人生中最重要的时期,它不是为未来生活作准备的,而是真正的,光彩夺目的一段独特的、不可再现的生活。"翁小的英语老师非常认同这样的观点,也确信学校的"童味教育"。于是,张嫚娜老师的"童味"英语教学主张在"讲灵性、讲发展、讲趣味、讲创造"中演绎;朱冬梅老师的"童趣"英语教学主张用"演讲式、表演式、游戏式、比赛式"等教学方法来实现。

"游戏必须作为人的生活来过"。古希腊先贤柏拉图如是说。我国著名的教育家陈鹤琴说过:"小孩子是生来好动的,是以游戏为生命的。"游戏是儿童的天赋权利。游戏就是儿童的生活方式之说,绝不仅仅是因为游戏活动自然地占据了儿童大部分的活动时间,抑或儿童的大部分活动的发生和进行都以游戏的形式或心态。而是从根本上来看,游戏的实质就是一种生活方式,儿童生活的方式。游戏伴随着儿童成长的过程,它提供了儿童特有的生活时空和形式。其实,科学又何尝不是一种游戏呢?翁小的吴建杨老师就倡导:在游戏中学科学。

学习《压缩空气》一课时,一上课,教师便出示一支空气枪,"啪"的一声子弹射了出去。"想玩吗?""一边玩一边想有什么问题?"这样学生探究的兴趣一下子被激发起来,并且学生在兴致勃勃地玩空气枪的过程中发现了许多问题,因为一部分学生玩成功了(空气枪的子弹能射出去),而一部分学生没玩成功(空气枪的子弹不能射出去),这样学生就能提出自己发现的问题:"子弹为什么能射出去?""子弹为什么不能射出去?"学生带着自己发现的问题,兴趣盎然地进入了下一步的探究活动。

学习《信息的传递》时,为了让学生了解信息的传递方式为什么会演变(演变的原因是无法观察到的),我们做了个游戏——传话,模拟在使用口耳相传这种方法传递信息时可能遇到的不便。一句"八百标兵奔北坡"传到最后一位同学时已经变成了毫无意义的音节,如此一个游戏让学生清楚地认识到,口耳相传这种信息传递方式极容易产生错误,为了提高信息传递的正确性,人类发明了更为先进的信息传递方式。再如声波的传播,我们是看不到波的,怎样让学生理解声音的传播呢?同样可以用一个游戏模拟"波":十多个学生排成一排,后面的同学紧紧抱着前面同学的腰,彼此间非常紧密,当第一个学生向前俯身时,第二个学生也得跟着向前俯身,接着是第三个、第四个……

而当第一个学生向后仰时,后面的学生也得一个接一个地如法炮制,这样不断地前俯后仰,我们就可以看到一条"人波"。这个模拟游戏可以让学生观察到看不见的"波";那么声波是怎样传到远处的也就不难理解了。

从孔子听韶国音乐而三月不知肉味,到扣人心弦、动人心魄的《命运交响曲》,人类历史的任何一种文明和文化中都离不开艺术,而音乐又是艺术中最为普遍的一种艺术形式。古代中国的"三皇五帝"时期,人们就通过音乐来培养统治者,到了周代"制礼做乐"创制,礼乐并举成为一种根本的社会制度,而音乐也成为整个教育的基础。马尔库塞说:"虽然艺术不能直接改变世界,却可以通过改造那些能够改变世界的男人和女人的内在驱动间接地改造世界"。

美国教育家杜威曾指出"教育即生活"。如今,在新课程改革中也提出了"音乐课堂教学要回归生活"这一重要理念,看来,生活教育理论仍具有十分重要的现实意义。音乐来源于生活,它是人们社会生活的反映。音乐课堂生活化教学,就是要在进行音乐教学的同时,关注学生的现实生活。以学生的现实生活为课程内容的主要源泉,从生活中生成符合学生学习规律的课堂活动主题,充分挖掘教学内容中的生活材料,利用学生已有的生活经验,创设情境,让学生体会到音乐与生活的密切联系,提高应用音乐的能力,培养学生综合素质。如此,翁小张晓瓯老师的教学主张走进了生活,唱响着田园:田园音乐——生活的课堂。

愉快的田园式音乐课堂应该从学生的兴趣出发。孔子曰:"知之者不如好之者,好之者不如乐之者。"现如今,流行音乐已深入人心,现今的学生几乎个个都是音乐"发烧友"、"小小追星族",许多学生刚入学时,对于音乐课特别有热情,但是由于教学形式的陈旧老化,音乐教育离生活太远:为了学会一首歌曲,必须先唱那令人头疼的小蝌蚪;一首非常好听的乐曲,非让学生搞清楚这个音符唱几拍,那个音符有多长,有几个乐段不可,如此一来,在体会到音乐的美妙之前,他们就已经憎恶、拒绝和放弃了对音乐的学习。著名音乐家卡巴列夫斯基说过:"激发孩子对音乐的兴趣,必然成为他们热爱生活、陶冶情操的助长剂。"只有当学生产生了浓厚的兴趣时,才愿意主动地去学习和了解,进而深入地探究它,当兴趣转化为学习动机时,我们才能引导学生轻松地走进音乐的殿堂,去感受美妙的音乐。

愉快的田园式音乐课堂应从学生的情感出发。在音乐的盛餐中,"情感"是一剂特制的"调料"。音乐作品中蕴含着丰富的情感,而情感在一个人的智力发展中又扮演着重要的角色。苏霍姆林斯基认为,学校里的学习并不意味着机械地把知识从一个头脑移到另一个头脑里去,而是师生之间,每时每刻都要进行心灵接触,而心灵接触离不开情感的交流。特别是在教学过程中必须源源不断地将情感作为动力源头,不仅是教师自己要具有儿童的情感,还要努力寻找学生的情感兴奋点。这样才能在和谐的师生关系、生生关系中不断推动教学,迸发快乐的火花。

20世纪20年代至30年代,美国的美术教育受包浩斯教师和前卫艺术家理论的影响,采取"放任式教学"方法,逐步建立了孔纳特的教育体系。这是以儿童为中心的教学,"允许学生以自己的方式,做他想做的工作。只要在工作中守规守矩和发挥创造性",可在良好的引导下发挥学生的创造才能。这一派重视学生的身心快乐及其人格的成长。因此,实施教学的科学是应学生的兴趣和需要而设置的,教学以绘画为重点,同时着重再现性。基于此,翁小的叶澎老师将自己的教学主张提炼为"圆桌"美术。

在进行《美无处不在》的教学时,这是一堂需要学生通过观察不同角度的不同切面然后进行添加作画的课。在这堂课的教学中,打破常规方式,教师并没有引导学生从哪里观察,如何观察等等方法。而是以圆桌的形式让学生围绕水果展示台坐下,首先教师不做启发让学生自由思考,以自己喜欢的方式观察不同水果的不同切面,观察过程中可以随意走动,站、坐或蹲在自己喜欢的位置对水果进行观察,同时可以用自己的方法选取水果不同的切面。然后各抒己见,在交流讨论的过程中,相互启发。此时教师对个别学生思想进行纠正,通过讨论总结,然后再让学生重新观察。同时,教师展示一些同龄人的优秀作品,并启发学生可以创造性地展示自己看到的不同水果切面。通过这样的方式,学生的行为不会因为课堂而有所拘束,而他们的思维开放活跃,观察之后选取自己喜好的工具进行作画,展示自己看到的水果特点,展示自己心中的美。

信息技术是当代科技发展最快也最为神奇的技术,在它正在对全球的经济、社会产生前所未有影响的同时,也深刻地改变了人们的生产、生活与学习方式,人类的整体生活由此而产生了巨大的变化。翁小的余琼斯老师在教学实践中逐步形成了自己的教学主张:从"学技术"到"用技术学"。

"学技术"一般要求学习者必须走进学堂,由教师规定学习内容、学习时间、学习方法,并由教师测定学习结果,而教师的教学过程是知识灌输过程,教师将知识硬"输"学生,导致学生的学习处于麻木状态,否定了自我的存在性,并打消了学生学习的积极性。学生获得已有的知识、经验,提高解决当前已经发生的问题的能力,学习者只是知道发生了什么和怎样发生的,很少考虑将会发生什么和不会发生什么,这是一种单向的、线性的知识传输过程,是为了解决自身自主当前面临的问题,是一种维持现状的学习,主体在经验积累上并没有层次上的上升或者下降。

"用技术学"是指在信息技术环境下,教师与学生共同面对着巨大的多媒体信息库,根据自身特点和意愿,自主选择学习内容充分发展,是人格的发展,是自我的发展,这不仅指理解记忆的学习,也指学习者所作出的一种自主、自觉地学习,自由地实现自己潜能的发展。信息技术环境下要求学生对外部信息进行主动地选择与加工,主动地去建构信息的意义,使学习具有积极性、主动性。要求学习者不断地接触了解并掌握新兴的知识技术,从而要求学习者主体不断地学习即通过学习提高一个人发现、吸收新知识、信息和提出新问题的能力,以迎接和处理未来社会发生的日新月异的变化,即创新性学习。"用技术学"是开放的、多元的,能形成多维度、可能性空间,为学习者提供多种选择的可能途径,使人的思维得到激活,使学习者摆脱现实世界的束缚,激发潜能和创造力。

第二节 教师：童味自来

教师在儿童立场上的角色、作用，最形象最生动最准确的定位是"长大的儿童"。"长大的儿童"的含义为：其一，教师首先要变成孩子，但是要当孩子，必须使自己往后退一步，即回到孩子时代去，和孩子一起想、一起玩、一起学，这样，你才可能走进儿童；其二，教师要用孩子喜欢的方式教育孩子，从深层意义上说，教师的一生都是一种邀请，邀请教室里的儿童，邀请课程中的儿童，也在邀请自己的加入，这种孩子喜欢的方式，是一种爱的方式；其三，教师变成儿童，是为了引领儿童。

一、让儿童喜欢的探究心

"长大的儿童"是一种教师智慧的别解，实质上是一种大智慧，而大智常常与大爱相伴相生。翁小在教师队伍建设上，致力于把教师培育成"长大的儿童"，让他们为了儿童的、依靠儿童来展开和进行教育教学。

（一）为儿童，研究语数课题

从教育教学实践中发现问题，并提炼为课题进行深入研究，是教师解决教育教学问题的有效路径，也是教师专业成长的必走之路。在开展"童味教育"龙头课题研究的基础上，翁小倡导全体教师立足于教育教学实践，开展课题研究，展现出专业日见提升的迷人风景。

其一，研究语文课题，助力教师更儿童。翁小语文学科开展了多项课题研究，主要集中在阅读与写作两方面："小学低段绘本教学读与写的研究"、"小学生课外阅读有效性研究""依托'微写话'探索第一学段写话之路"、"小学生自评自改习作能力培养的实践性研究"、"关于中高年级学生生活化习作的研究及探索"。

绘本是一张到处都隐藏着秘密的"神秘地图",因为无论是扉页、封面还是封底,都是绘本的有机组成部分,在这些地方作者都为读者献上了很多精美的图画。只有指导孩子从头到尾阅读图画,才能发现很多常常被读者忽视的小细节。读懂了这些细节,才会对文本有进一步的理解。翁小的语文老师经过研究,发现了如何有效引领学生读懂绘本细节的秘妙——

欣赏封面(包括腰封)。无论什么书,封面都是最先映入读者眼帘的,如《风到哪里去了》封面上月亮、群山、小鸟、房屋、雨点代表了世间万物,由封面中的图画猜想故事,让课堂更加形象生动。

欣赏环衬。环衬是封面与书芯之间的一张衬纸,很多绘本的环衬上也画有图画,不过你可千万不要以为它们仅仅是起装饰作用的图案而马上一翻而过,实际上,绘本的环衬不但与正文的故事息息相关,有时还会提升主题。如《爷爷一定有办法》这本书,环衬是那条神奇的毯子,上面布满了闪烁的星星,就如爷爷无穷的智慧一般。

欣赏会讲故事的扉页。扉页就是环衬之后、书芯之前的一页,上面一般写着书名和作者的名字,还有一些相关的小图片。扉页不仅仅只是通向正文故事的一扇门,不仅仅是告诉你谁是故事的主人公,它包含着丰富的信息,有时还会讲故事。如《猜猜我有多爱你》扉页图画暗示着大小兔子快乐玩耍,在精神得到满足后才有了下面小兔的提问。

欣赏正文图片。每一个孩子都是读图画的天才,只要故事在图画上表现出来,那么孩子的眼睛就会发现它们。他们能发现画家没有发现的破绽,能读出成人料想不到的意思。在绘本阅读的过程中应尊重每个孩子的不同感受,鼓励他们将自己比拟成故事中的角色让孩子也自然地融入到故事中去。

欣赏并未结束的封底。合上一本绘本时,绘本的故事就已经讲完了吗?答案当然是否定的。因为有的绘本,就是把故事的结尾延续到了封底上,为孩子们想象留下了空间。因此绘本的封底不容错过。封底很有"看头"——大部分与封面相呼应,有的甚至需要与封面连在一起欣赏讨论,有的则是故事的结尾与延续。如《神奇的蓝色水桶》草地上遗留下来的充气鲸鱼,《失落的一角》抬头期盼的一角等。

生活是作文之源。叶圣陶先生说:"作文这件事离不开生活,生活充实到什么程度,才会做成什么文字。"为了更好地引导学生关注现实,热爱生活,乐于动笔,表达真情实感,提高语文综合素养,翁小语文老师开展了"关于中高年级学生生活习作的研究及探索"这一课题的研究活动。

所谓生活习作教学是将教学活动置于现实的生活背景之中,从而激发学生作为生活主体参与活动的强烈愿望,同时将教学的目的要求转化为学生作为生活主体的内在需要,让他们在生活中学习习作,在学习习作的过程中更好地生活,从而获得有活力的知识,并使情操得到真正的陶冶。让学生摸索出生活化习作的实施途径与指导策略,形成一种行之有效的教学模式,是这一课题的研究成果之一。

策略名称	说 明	备 注
游戏式活动	把喜闻乐见的游戏带进课堂,让玩激活学生观察、说话、思维和表达的潜能,是被实践证明让学生乐于作文的好办法。	此类习作范围很广,一个踩气球游戏、吹泡泡活动等等,都给学生提供了鲜活的写作素材,学生在游戏中尽情体验学习的快乐。
表演式活动	让学生在课堂上扮演不同的角色,体验不同人物的内心世界,在交流活动中有所领悟,并用文字表达出来。具体方式有:个人独立表演式;双人合作表演式;多人合作表演式。	此类习作选择性很广,可以让学生去表演书中的情节,也可以设定特定的情境,或让学生去扮演自己最欣赏的名人等等。
竞赛式活动	通过举行特定比赛,带动课堂气氛,激发学生创作欲望。具体方式可以多种多样,学生可以写比赛的一个片段,可写自己参与的过程,也可写其他同学的表现或者赛后感想等。	此类习作往往并不限定于课堂中,具有很强的灵活性。教师还可以结合学校甚至校外举行的竞赛来进行教学。如校运动会、班级钉纽扣比赛等都成为很好的写作素材。
探究式活动	选择实验习作题材,放手让每个学生操作实验,亲自破解科学之谜。	此类习作可开发性强,教师可以结合科学这一课程,引导学生去做实验,让学生亲自实践,学生做中学,学中玩,其乐融融。

其二,研究数学课题,助力教师更儿童。概念是反映客观对象的一般、本质属性的思维形式。概念教学是小学数学中至关重要的一项内容,是基础知识和基本技能教学的核心。随着数学教育改革的不断深入,数学概念学习也提出了更高的要求。《数学课程标准》中明确提出:要求学生能够理解基本的数学概念,了解它们产生的背景、应

用和在后继学习中的作用,体会其中所蕴含的数学思想和方法。

由于数学概念具有抽象性,而小学生的思维正处在由具体形象思维为主向抽象逻辑思维为主的过渡阶段,因此,要顺利发展小学数学概念,必须从小学生年龄段的心理特征、行为习惯和学习特点等来综合研究实践,在课堂教学中灵活运用各种教学方式,达到发展小学数学概念的目的。围绕目前小学数学概念教学问题,翁小数学老师就"小学数学中概念教学的有效性实践与研究"课题展开深入地研究,以分析和探寻学生有效地学习新概念教学的途径。

以游戏形式展开教学,一步一步地引导学生去讨论。在宽松自由的气氛中学习概念、理解概念,能使学生感受到数学就在身边,生活中处处有数学。如学习"最小公倍数"时,教师说:"请大家报数,并记住自己所报的数是多少。"学生报数1、2、3……"请报数是2的倍数的同学站起来,再请报数是3的倍数的同学站起来。"学生按要求起立后坐下。"你们发现了什么?"生1:"我发现有的同学两次都站起来了。""报哪些数的同学两次都站起来了?"生1:"报6、12、18……的同学。""报6的同学能说说为什么两次都站起来吗?"生2:"因为6既是2的倍数,也是3的倍数,所以两次都要站起来。"教师小结:"6是2的倍数,又是3的倍数,可以说6是2和3的公倍数。(板书:公倍数)这样的数还有吗?"生:"6、18、24、30……""最大的是几?最小的是几?"生3:"找不出最大的,最小的是6。"教师再次小结:"2和3的公倍数中6最小,我们称它是2和3的最小公倍数。(板书:最小)2和3的公倍数有很多,而且不可能有一个最大的公倍数,所以研究两个数的公倍数一般只研究最小公倍数。今天,我们就学习有关两个数的最小公倍数的知识。"

苏联数学教育家斯托利亚尔认为:数学教学应该是数学思维活动的教学。培养学生的思维能力,学会数学地思维,是当前小学数学教学所要研究的一个重点,也是使孩子们越学越聪明的根本出路。在我们的教学中,很多时候把探究部分轻易转化为复现部分,复现部分的教学是显性的,是可以通过步骤来传授的;而探究部分的教学如果也变成可传授的语言,那就失去了思维教学的意义了。思维主要是靠启迪,而不是靠传授,越是传授得一清二楚,学习者就越不需要思维。要使教学过程成为思维活动的教学,就要为这种活动创造良好的条件。那么如何为学生的思维发展创造条件呢?

根据小学生认知的发展,小学时期是小学生思维发展从具体形象思维为主向抽象逻辑思维为主过渡的关键期,因此我们应当抓住这一时机,有针对性地发展他们的思维,使他们思维中的具体形象思维成分逐渐减少,抽象逻辑思维的成分日趋增多,不断提高他们思维品质的发展水平。

根据小学生心理发展的特点,随着小学生的观察力、记忆力、想象力的发展,凡事总爱问几个为什么。这就更需要我们去打造学生思维睿智的大脑,培养和发展学生思维的敏捷性、深刻性、独特性和思维的批判性,培养他们思维的广度和深度,灵度和速度,独特角度和创新度。

翁小数学老师据此开展了"中高年级学生数学思维能力训练的实践与思考"课题的研究,并发现了一些有效提高学生思维品质的方法。

1. 常抓口算。抓口算基本训练,能提高学生应用法则的能力。我们要求课题组教师做到"课前10题口算",口算时应注意两点:其一,不动笔,动笔计算不利于提高口算能力,亦不利于培养学生思维的敏捷性。其二,计算时要有速度的要求,使学生有一种紧迫感。

2. 用活数学公式。数学学科特点之一是公式多,不少学生死记公式、死套公式,只想到公式自左向右用,而不会想到自右向左用,即不能灵活使用公式。教师在教学中,要有意识地加强训练,提升学生思维灵活性。

3. 加强数形结合训练。我国著名数学家华罗庚曾说:数缺形时少直觉,形少数时难入微,数形结合百般好,隔离分家万事休。解决数学问题时,追求数与形的和谐统一性,常常会产生意想不到的解法,不落俗套。可见,加强数形结合训练,学生既享受到数学的和谐之美,又培养了思维的创造性。在教学时,我们注重引导学生借助线段图、符号、字母等不同方式分析问题。

4. 鼓励归纳、猜想。所有的数学成就，可以说一大半是归纳和猜想的结果。可见归纳和猜想对培养学生思维创造性的作用是极其巨大的。通过培养学生的归纳能力，鼓励学生大胆尝试，大胆猜想，学生思维深处的创造性就会充分发挥出来，甚至会让教师收到出乎意料的惊喜。

5. 分析错题成因。我们在课题研究中，提倡出示题目的解题过程，让学生像批改"作文"似的进行评价，学生通过认真阅读，积极讨论，检查出解题过程中的错误，并指出了错误的原因，有意识地培养了学生的数学思维批判性。

6. 一题多解，一法多用。一题多解训练，就是教师引导学生从不同角度去观察一个数学问题，使学生产生不同的体验，形成不同的解法，进而极大丰富学生的想象空间，培养思维的灵活性。一法多用训练，能形成放射状问题链，极大地丰富知识面，极大地拓展思维空间，经过变换和转化，同一个解题方法很好地运用于不同情况下的问题，可以使思维触及面增大，培养了学生思维的灵活性。

（二）为儿童，研究其他课题

作为一门外国语，英语是一门难学的课程，也是一门不容易教的课程。但不管是英语还是其他学科课程，只要能够扎根教学实践，发现教学问题，开展相应的课题研究，就会有很大的收获。

其一，研究英语课题，助力教师为儿童。"小学英语单词童趣记忆的实践与研究"课题是翁小英语学科研究的课题之一。经过不懈努力，通过各种各样的方式，翁小的英语老师总结出了30种趣味记忆英语单词的方法。

认知单词的方式主要有"利用多媒体技术学习单词"和"巧学巧记单词"，而前一种方式又主要包括"利用多媒体技术，设置情景，使学生掌握单词的读音和语义，提高学生学习词汇的兴趣"和"利用多媒体技术，灵活掌握单词的拼写形式"两种方式。

巩固单词的方式主要是采用"适当集中，反复循环"的教学方法，让学生学以致用牢固掌握单词，教师使单词作业布置规律化，定期组织有意义的单词游戏和比赛活动。

根据著名的"艾宾浩斯遗忘"原理与最新记忆理论《满氏记忆通论》，记忆任何一个英语单词，如果没有达到牢固状态，那么都会有被遗忘的可能。我们从小学生的心理特点入手，通过有效的课堂教学，形式多样的活动提高小学生记记单词的效率。《基础英语》作者埃克斯利说："凡是激发学生喜爱英语学习的方法，便是教英语的好方法。"为此，在日常课堂教学中，我们采用了多种多样的方式：每节课前五分钟自由发挥，由各个小组轮流表演，一节课一个小组，可以自由选择游戏活动、故事演讲、英语歌曲学习及演唱等。

游戏活动：可以结合课内知识开展，比如，bingo游戏、服装秀游戏来记忆服装类单词；"what's missing?"游戏等。

故事演讲：要求学生自己去阅读一则英语小故事，在课前进行讲述，突出不认识的单词，并和其他学生讨论记忆方法。通过故事学习增加学生词汇量，已取得明显效果。

歌曲记忆方法：课本每个单元都有一首简单的英语歌曲，可以改编这首歌的歌词来扩大词汇量。现在互联网上有很多节奏明快简单的英语歌曲，可以在英语课的时候学唱，通过这一方法来增加课外词汇量。

"英语美文阅读的策略研究"是翁小又一个课题。翁小的英语老师按照科研规范，分阶段系统地实施计划项目，找到了英语美文阅读的多种策略：环境营造策略、活动推进策略、评价跟进策略、课程开发策略。

读书可贵，更贵在坚持。如何使学生对阅读保持持久的兴趣，使阅读美文成为大家的生活爱好，开展多元化的阅读活动是最好的手段。

每日一诵。每天，我们有10分钟的诵读时间。我让领读员将每周一诗或每周一美文，在课前领着大家一遍一遍地念。一学期下来，将近10首的诗歌和10篇美文，学生都能轻松地背下来了。特此推荐郑文主编的《英语经典美文诵读：小学篇》与任秀桦、姚丽主编的《英语经典美文早早读》配音频光盘，这两本书较符合我们小学生的年龄特点与英文水平,较适合诵读。为提高五六年级美文阅读水平,我们学校举办了诗歌朗诵比赛活动,让学生们更好地展示自己的诗歌底蕴,更大地激发了学生的学习兴趣,给了他们阅读的无限动力,学生们的评价太给力了。诗歌和美文里往往蕴含更多的修辞方法、排比句型,诗歌与美文里展示了英语语言的无穷魅力与英语国家的文化。诗歌与美文的积累与沉淀,有助于孩子们写作能力的加强与提高。

每日一句。光读书不注意积累、吸收的话,这种读实际上是一种浪费。我们班为积累"每日一句"准备了一块小黑板,由学生轮流负责摘抄精彩的语句,并领着大家朗读、背诵。大家把这个句子抄到自己的"美文摘录本"中,当天背诵下来。日积月累,孩子在口头表达和写话中把它们派上用场,语言生动了许多。我都会及时地给予表扬,读书——积累——运用的良性循环也就自然形成了。美文的有效阅读——语句的积累——写作运用形成了一个良性循环。

每周一卡。我让学生选择自己最欣赏、最喜欢的好文,在认真阅读的基础上把这篇文章的涵义、意义读明白,要求其深入了解作品并对部分精彩语句做摘录,编写在书签式的卡片上,最后标上推荐人的姓名,也可以画上装饰性的花边图案。卡片制作好后,挂在教室的英语角里,供同学们参阅、交流,每周一张。这样极大地激发了学生参与制作的热情,提高了学生读书的积极性以及鉴赏、选择好书的能力。此后,给学生读的目录几乎用不着我推荐了,光是学生推荐的文章我都读不过来。每一次活动,同学们都听得津津有味,不但增长了知识,而且大大激发了同学们的阅读美文的兴趣。

每月一篇。为了提高学生广泛阅读的实效,我以课堂为载体,一个月开设一节美文阅读课,对学生的课外阅读进行指导。以一个月为一个阶段,循着"导读——推进——梳理"的进程师生共读一篇美文。在学生阅读美文开始的导读课上,我采取介绍美文背景,朗读精彩语段等方法,激发学生的阅读欲望。有时候,让学生向大家推荐自己最喜欢的美文。我把学生的名字都写在小纸条上,放在一个箱子里,抽到谁,谁就带上书本上台来,可以讲一讲印象最深的内容,讲一讲自己喜欢这篇文章的原因。这项活动的开展,不仅使我掌握了学生阅读喜好,更让我和学生了解了更多的好文章。每次交流课后,班上都会经常可看到这样的画面:几个孩子围在一起,埋头看同一篇文章;有的则追着同学借;没轮到讲的孩子索性找了老师和几位同学一吐为快。班级里掀起了一个借美文、读美文的小高潮。

评价激励具有调控孩子阅读热情的杠杆作用,我们可采取多样化的评价激励方法,如"日常性评价"和"过程性评价"相结合,还可以通过"小小美文欣赏家评价表"来激活学生的阅读热情。

每日一句活动中,为了鼓励积少成多的努力,每收集十句经典语句,能得到奖励贴纸一枚,集齐五枚就能换取一个棒棒糖或英语练习本一本。在收集的过程中,我强调把老师奖励的贴纸设计出有创意的图案,期末进行"图案最佳创意奖"评比。同学们,为了获得更多的贴纸材料,从而更加卖力地去收集美文。此递进式的评价方法比直接评价更有意义,更受到学生的喜爱。

每日一诵活动后,为了更好地激发学生阅读的积极性,我们也进行了一定的奖励机制:学生每会背一首,可以换取绿叶章一枚,荣誉卡一张,十个绿叶章可以换一枚红花章,五个红花章可以评为一星级少年。这个活动也是累积性的,每个学期都可以累计,所以即使是成绩最差的学生他也能通过积累换取绿叶章。获得一枚红花章的同学就可以参加快乐抽奖一次。在这样的激励下,学生诵读的积极性被调动起来了,每天都争着要求背诵,盖印。

其二,研究它科课题,助力教师更儿童。对于翁小来说,信息技术学科与其他学科相比,还显得很年轻,学科骨干教师的比例很低。学校里既掌握信息技术操作方法,同时又懂信息技术教学方法的教师极度缺乏。由于目前农村小学通常只有1名信息技术教师,城镇学校很少达到3位,教师之间缺少交流和探讨的机会,学校没有信息技术教研组,也很少开展教研活动,所以信息技术教师的进步和成长也就非常缓慢。

为此,我们提出了农村小学信息技术基于多校联动的教师专业成长研究,寻找一种适合于农村小学信息技术学科的校际教研模式。带动一支青年教师队伍一起成长,打造一批农村骨干教师队伍,形成一个不断快速进步的团队。

在开展"农村小学信息技术教师基于多校联动的专业成长研究"课题研究的过程中,我们主要采取的办法是"联动":联动教研、联动学习、联动反思、联动赛课。

"联动教研"就是倡导建立在"多校联动"基础上开展校际间的协作教研。其教研方式有:互访上课、网络研讨、结伴取经、骨干引领、教育沙龙、案例研究。

"联动反思"以教后记、群团联动反思为主,而"联动赛课"则通过参加市级学科素养评比来磨练课题组教师的教学水平,如课题组教师参加2012年温州市和乐清市学科素养评比,以乐清市第一名的成绩晋级温州市比赛,并在温州市学科素养比赛中荣获"学科技能"项目一等奖、"文本解读"项目二等奖和总成绩二等奖的好成绩。用高水平的赛课检验了我们的成果。

读书学习是教师专业成长的"加油站",广大教师只有不断地学习,充分为自己"充电"、"蓄能"、"吸氧"、"补钙",才能源源不断地接受源头活水的补给。于是,我们以"联动学习"的方式提升专业水平,如让教师在看书、读报时,特别关注那些与教育、教学相关的文章,好的文句要做一些笔录,或做成剪报收藏好,并且在有空的时候经常翻出来看看,以使自己经常受到激励和启迪。

教师培训是促使教师专业快速成长的有力措施,要想使培训有力、有效,最重要的是使培训贴近教师的工作实践,使培训能真正满足教师的有效需求,尤其是最需和急需。这样才能有效地调动中小学教师接受培训的积极性和主动性,提高他们的学习兴趣。我校联合福建师范大学开通的"教师继续教育网络远程培训",能很好地实现上述目的。

解决了工学矛盾。教师是一种需要不断学习的职业,在自己的职业生涯中自始至终都要更新、补充新知识。但中小学教师教学任务繁重,经常性地参加脱产学习与培训,是不现实的。他们需要的是一种能够自主选择时间和地点的学习方式。基于网络的教师培训模式正好能满足这种需要。学习者可以根据自己的实际情况自由选择学习时间和学习地点,灵活调整自己的学习进度、学习计划及学习内容,从而真正体现"以学习者中心"的现代教育思想。

满足了个性化学习需求。基于网络的教师培训,打破传统的教师培训方式所表现出的"场所封闭、计划预设、教材固定、教法单一"等方面的局限,为学习者提供了丰富的、多样化的学习资源供学习者选择,学习者可以根据自己的爱好和需求,自主选择不同的课程、学习内容,学习者可以通过网络查看或下载自己所需要的内容,从常规教学单向、被动接受知识转变为适应个人的自主化学习。

二、让儿童敬服的专业力

真正"发出"教育需求的是儿童,是儿童焕发生命活力的诉求才有了教育活动,因此,儿童是教育的主体。如今,翁小的教师既能把学生奉为教育的主体,也能把自己奉为教育的主体,以教育策划者、设计者和组织者的姿态,践行着"童味教育",与儿童一道绽放童味自来的风采。

(一) 为儿童,教师焕发童心

教育应从儿童出发,教育因儿童而生机勃发,这是翁小坚守"童味教育"的出发点和落脚点。随着"童味教育"的深入探索,翁小的教师在为了儿童健康快乐成长的教育生活中,展现出专业提升的力量,使教学更绽放出童乐师魅的风采。

当"童味教育"在翁小走过八年历程时,叶海英老师感觉自己很庆幸,能碰上这一行动研究的浪潮。行走在行动研究的道路上,叶海英老师不断地学习着、成长着,受益匪浅,也有了诸多感悟与收获。

感悟一:做一名勤思考善实践的童心教师

童年是人生最天真、最烂漫的岁月,与生俱来的童心、童趣和童真是最宝贵的成长资源。如何更好地呵护孩子们的童真、童趣、童乐,让孩子诗意地栖息在肥沃的知识大地上?我们要不断修炼自己的精神、形象、语言、技能、文化、师德以及教育研究能力,成为一位名副其实的童心教师。我们要真正站在学生的立场,彻底改变和调适思维方式,以挑战意识,批判意识和创新思维来面对我们的教育、我们的学生,帮助学生建构知识,培养学生的探究意识和问题意识,真正让我们的课堂活起来。我们要蹲下身来倾听孩子的心声,和孩子进行平等友好的交流,让孩子在愉悦的氛围里自由呼吸,让孩子感受到校园生活的快乐和温馨,让我们的课堂成为充满生命温暖的课堂。我相信只要勤思考、多实践,就一定会形成自己独有的教学风格。为此,我不断地努力着、摸索着,形成了教学主张:"快乐语文,让课堂绽放出最美丽的光彩",并拓展了教学建模:唤起情感——激发情趣——拓展延伸。我深深地感受到,**做一名勤思考善实践的童心教师**,意味着对学生的成长乃至未来一生的负责,为学生的"美丽人生"奠定良好的基础。

感悟二:做一名有智慧重研究的童心教师

在"童味教育"理念与思想碰撞的过程中,我深切地体会到童心教师要不断地给自己充电,做一名有智慧重研究的教师。在踏踏实实做好教育教学工作的同时,我们还要不断思考社会发展与学校教育的相互影响,不断开阔自己的视野,从而进行一些富有创造性的工作。做一名智慧的童心教师,要能满足学生的需求,要能服务、支持、指导每个孩子富有个性地发展。我们要善于观察孩子,善于透过表象辨别是非,要具有系统思考能力、理解学生的能力、课程开发的能力、课题研究的能力,这样才能真正在教育的道路上坚定而又幸福地行走。我在不断充实知识的同时,先后主持研究了《班级特色文化建设的实践与研究》、《绘本教学的读与写》、《童味作业初探》等课题,并纷纷获奖,这无疑给我探索改革之路增添了更大的前进动力。

保持一颗童心不仅会给我们带来无限乐趣,还能给我们增添无限生机;保持一颗童心,才能使我们融入童年的环境,使我们年轻、青春常在;保持一颗童心,才能让我们的爱心尽显在教育教学的天地里。但童心教师是一个很大的话题,如何使我们做得更好,摆在我们面前的事还有很多很多,这就有待我们童心教师去研究、去实践。

刚开始时,徐小艳老师考虑更多的是,如何使自己富有童心,于是不断地修炼自己的语言、心态、尽力拉近与学生的距离,但是努力并没有起很大的效果,如花了很多心思提炼出来的课堂用语,可是学生并不怎样喜欢,在课堂上起激励的作用并不明显,又如自以为学生一定感兴趣的活动,学生所反映出来的是那么的无奈。面对这种情况,徐老师开始自我反思,她这些做法为什么学生不喜欢?学生到底喜欢什么?

于是,徐老师决定从童心的视觉解读孩子,站在学生角度去考虑,蹲下身来和孩子们交流;用儿童的眼睛去观察,用儿童的耳朵去听,用儿童的兴趣去探寻,用儿童的情感去热爱。徐老师成了有办法的童心教师,成了学生的好朋友。

> 了解学生:亲近并走进他们的世界。了解他们的所思所想以及各自的喜好和特长,这是我们打开童心的第一法宝。从各方面了解学生的家庭状况、性情特点和喜好特长等等,并在每一位学生的成长手册上加以记载和必要的说明。而后针对每位学生的不同情况,与他们逐个见面,结合他们感兴趣的话题、事例进行交流,深入学生的内心挖掘他们的思想动态、和学生的心理。
>
> 当作学生:融入学生生活世界之中。读学生喜欢读的书本,看学生喜欢看的电视,唱学生喜欢唱的歌曲,玩学生玩的游戏。这样我们就会和学生紧密地联系在一起,与学生同喜同忧。当学生在课间谈起摩尔庄园便眉飞色舞,我们也能参与共同分享读书的快乐。课后,和学生打成一片:一起打球,一起跳绳,一起游戏,一起闲聊……
>
> 教学民主:尊重学生个性,常与学生商量,倾听学生的心声,以大多数学生的意愿为主。课堂上,我不会因为个别学生的违纪而发火,我会正面引导,通过夸奖临近表现好的同学或者夸奖该同学身上其它方面的优点来引导其改正缺点。或是反思自己的教学方法是否合理,是否生动有趣。在布置作业时,我还同学生商量作业的数量、难易度、完成时间,让学生真正感受到自己才是学习的主人,引导他们自己要对自己负责。

科学泰斗爱因斯坦说过:"兴趣是最好的老师。"兴趣是学生提高学习效率的催化剂。陈金微老师寓教于乐,打造了一个"童趣"课堂。

在这个"童趣"课堂里,陈老师创造了很多引发学生"学趣"与"趣学"的法则:用"心"走进学生心灵——尊重、保护、关爱;用"新"追求课堂诗意——投入、融通、创造;

享受教育幸福的无限"欣慰"——吸纳、反思、体验。如此,陈老师寓教于乐,打造自己的"童趣课堂",以童心去接近童心,以童心感悟童心,站在儿童的立场,给儿童无限遐想的空间,让孩子们的童心得以尽情地绽放。

(二)为儿童,家长喝彩教师

尊师重教是家长信任教师的体现,支持喝彩是教师信服教师的体现。翁小自践行"童味教育"以来,不仅在打造"童心教师"的过程中,赢得了家长的信任,更赢得了家长为教师喝彩。

纯洁无瑕的童心,天真烂漫的童真,以及多彩的童趣,是我们对童年的美好回忆,而这份回忆也是那么的弥足珍贵。现在看来那么平凡无奇的事物,当时却是满怀好奇,满怀无限的遐想。

作为一名母亲,304班的陈衫的家长也希望自己的孩子能带着童心、童真、童趣,快乐成长。

"我对于童心教师的感触是最深的。因为每个孩子都是独立的个体,不是所有孩子都能成为方方面面都很优秀的孩子,我家的孩子就是,虽然他身上有很多这样那样的问题,但我仍希望我的孩子以后能尽可能地发挥出他自己的特长,全身心都能健康地成长。在此我要感谢孩子的班主任和任课老师,他们对孩子十分关怀,在校不但对他谆谆教导,还经常主动跟我联系,沟通关于孩子的一些问题,让我认识到孩子以及自身上的不足,说老师认真负责,那是当之无愧。

说实话,每个家长都会害怕老师找到自己,讲孩子的一些问题,刚开始我也忐忑过,老师的电话没接起来,内心已经是五味杂陈,但是跟老师交流过以后,我的思想变化很大,面对学生的问题,老师打过来不是责问,而是耐心交流,这难道不是老师对孩子们的另一种关怀吗?我难道不应该更积极地面对和解决问题吗?老师们甚至占用的都是自己的课余休息时间。

学校教育是重要的,家庭教育同样重要,学校搭建了好的平台,请来了好的老师,家长们就更应该积极配合学校的教育工作。

　　看着温馨的校园,看着校园里那一张张可爱的笑脸,真挚祝愿这些祖国花朵都能快乐茁壮成长。"

　　"家长开放日"是家长与学校"相亲"的日子,是家长与教师"亲近"的日子,是家长与孩子"同学"的日子。每一次这样的日子到来,翁小的家长格外兴奋,因为又可以身临其境于"童味"的校园了,又可以欣赏到如同一幅幅精美的画卷的"童趣课堂"。201班陈雅涵的妈妈就是其中的一员,她很庆幸自己的孩子有机会在翁小学习,并祝愿二年级一班的小朋友在叶老师和陈老师的带领下,开心学习、快乐成长;祝愿翁垟二小的明天更美好。

　　"2017年3月21日,翁垟二小举办了"家长开放日"活动,我有幸聆听了叶海英老师一节语文课《动物儿歌》和陈晓琴老师的一节数学课《比一比》。两位老师的课堂十分生动,充满童趣,他们独特新颖的教学模式、优美亲切的语言、生动形象的讲解,温馨和谐的课堂氛围,深深地吸引了孩子们和在场听课的家长朋友们。课堂上,两位老师深入浅出,孩子们踊跃举手,畅所欲言,老师就像是孩子们的朋友,引领着孩子,在知识的海洋里遨游,课堂成为展示师生灵性的天地。"

　　教育的本质时什么？我觉得,应该好好呵护孩子们天真、可爱的童心,让孩子享受童真童趣的课堂,教师同孩子一同呼吸、感受、成长。这方面,在202班王浩任的家长看来,翁小的诸位老师们做得很好。

　　保持童心。什么是童心？童心就是以儿童的眼光看儿童,以儿童的心理去感知儿童的内心世界。一个教师如果失去了童心,那么她的课堂一定是乏味无趣的。课堂上如何能保持童心呢？首先是要放下师道尊严的架子,直接走入孩子中间,把自己当成他们的一员,甚至扮演"孩子王",和他们一起欢笑一起思考。比如语文课堂中就有不少适合表演的内容,这时教师放下所谓的"师者"形象,调动孩子们一起参与到表演中,活跃的课堂氛围会给我们带来不一样的精彩和惊喜。这种教学方式,正是孩子们最轻松愉快,最能参与进入的,非常受孩子们欢迎。

珍视童声。儿童,是一个最富有想象力的群体,他们在接触周围世界时,头脑中会产生很多新鲜、奇艺的想法,会创造出许多生动、鲜活的形象,表现出特有的想象力和创造力。教师在课堂上要引导儿童的感情,珍视儿童独特的情感。安徒生的《丑小鸭》可谓人尽皆知,课本的要求可能是让孩子们感受到丑小鸭对恶势力的抗争和对美好生活的追求精神,但在课堂上,孩子们往往能提出自己的看法和见解,这些看法可能在世俗的大人眼里很天真很幼稚,但这都是来自孩子内心最真诚最朴素的语言和想法,是他们自己的"真知灼见",因此应当正确客观地评价,接受孩子们的不同心声。

呵护童真。童年时人成长中的一个宝贵历程,孩子们有自己的独特个性,他们纯真率性,每个人身上都有亮点和缺点,敢想敢说。课堂上,教师要呵护他们的这份率性,要在不足的背后看到亮点,鼓励每一个学生。孩子虽然还小,但是已经形成了自尊心,回答错问题的时候,教师应当鼓励学生,同时化解其他学生的"嘲笑",善待学生的错误,让孩子们健康快乐地学习成长。

翁小践行"童味教育"多年,从孩子的表现来看,学校的教育是成功的,从教师的发展来看,学校的教育是成功的。"童味教育"符合儿童的身心发展规律,凸显儿童的主体地位,把儿童的思想融入到教学过程,让童声、童心、童趣在教师的唤醒、鼓舞中精彩纷呈。

陈晓琴老师在翁小"童味教育"八周年之际,用"清阳曜灵,和风容与"的诗情向翁小致敬:

你给我们一份懵懂、忐忑的期待
我们给你一个盛满星辰的天际

那是温和神秘的夏夜

指点着展开你自己无尽的画幅

你给我们一颗如晴天一样明朗的稚气之心

我们还你万缕明暖可爱的阳光

那是杲杲温厚的春阳

以荣誉的光辉流放你心灵的疏影

你给我们一首鲜艳晶莹的歌

我们配以最朴素高贵的琴声

那是追逐童年最幸福的嬉笑

驾着云彩描绘你天庭的容颜

你给我们一个最丰盈的膜拜

我们与你斑斓生动的秋景

那是深秋最喜悦的颜色

撑着簌簌华盖铺开你生命的黄金甲

哦,亲爱的孩子们

我们的心曾是你纯真浪漫之地

也许有一天,吞食一切的时光会带走你所有的童年

但我们记录着你那一份永远的情怀

静候你岁月的回眸

第四章 课程美童

　　学习课程犹如学习童话，充满诗情画意，对于儿童成长来说具有重大的价值与意义。因此，当我们把课程当作童话来描绘时，学生就能在喜爱与迷恋童话般的课程学习中健康、快乐、和谐地成长，留下一生温暖的记忆。有这样一所学校：它的课程，是拥抱童心的阳光味；它的课程，是发现童趣的花草味；它的课程，是描绘童彩的缤纷味。

有一种味道,叫童味

那是亲近儿童的稚嫩味

有一种味道,叫童味

那是融入儿童的青春味

有一种味道,叫童味

那是长成儿童的成熟味

有一种味道,叫童味

那是拥抱童心的阳光味

有一种味道,叫童味

那是发现童趣的花草味

有一种味道,叫童味

那是描绘童彩的缤纷味

有一种味道,叫童味

那是激扬童力的温馨味

有一种味道,叫童味

那是播种童乐的诗意味

有一种味道,叫童味

那是享受童年的幸福味

第一节　课程：儿童立场

课程是丰富儿童经历的载体，因此，就课程而言，只有从儿童出发，儿童的经历才更有意义。从儿童出发，就是要做到学校展开的学习从儿童出发，开展的活动从儿童出发，创生的课程从儿童出发。于是，课程是否将儿童置于其中央，是否适合并引领儿童发展，是否焕发儿童的生命活力，便成为基于儿童立场的课程建设要解决的系列问题。为解决这些问题，我们需要把握儿童立场的课程范式和课程样态。

一、建设儿童的适应性课程

儿童立场课程范式的建构，从理论维度讲，儿童立场课程走出了以教师为主体的授受式课程实施的迷思，具有适生性、创生性、共生性的特征；在其实践路径上，我们应基于儿童立场，采取以适合学生发展为导向的、以课程创生为实施取向的、以师生互动共生为姿态的课程开发方式，将静态课程经由师生的共同开发而延展成动态课程，让课程价值最大化发挥，进而丰富儿童的经历，增长儿童的才干。

（一）为儿童，发挥课程价值

什么是课程？仁者见仁，智者见智。不同的人有不同的理解，不同的时期，有不同的共识。首先可以从词义上来理解，我国始见"课程"是唐宋期间。唐朝孔颖达为《诗经·小雅》中"奕奕寝庙，君子作之"句作疏："维护课程，必君子监之，乃依法治制。"这里的"课程"与我们今天所指"课程"之义不同。宋代朱熹在《朱子全书·论学》中多次提及"宽着期限,紧着课程","小立课程,大作功夫"等。这里的"课程"则指功课及其进程,与我们今天对课程的理解基本相似。

从国外看,"课程"一词派生于拉丁语"currere",意为"跑道"(race-course)。在各种英文字典中,"课程"常定义为"学习的进程"(cause of study),即"学程"。其引申义有二:以名词"跑道"来理解"课程",是指给不同学生设计的不同轨道;以动词"奔跑"来理解"课程",是指个体认识的独特性和经验重构。前者是传统意义上的课程,后者是现代学校强调的课程。

从内涵上理解,课程有广义与狭义之分。广义的课程,是指学校为实现培养目标而选择的教育内容及其进程的总和,包括学校所开设的各门学科和所开展的有目的、有计划的教育活动。狭义的课程,是指某一门学科。可以说,学校能够对学生产生影响并促进发展的一切因素,都是课程,都显示为课程价值的发挥。

课程因人而生,应人而来,为人而活。课程价值体现在引领人的发展的两方面,一是课程促进人个体性发展的价值,一是课程促进社会群体性发展的价值。理解课程的内涵,进而明晰课程的价值取向及对教育实践的意义,才有利于通过课程建设来推进学校变革。[①] 就学校而言,课程对于人的个体性发展的价值,既体现在促进学生个体的发展、素养的提升以及良好个性的形成方面,又体现在促进教师这一素养的不断提升方面;课程对于社会发展的价值,包括政治价值、经济价值、文化价值和自然价值等。

理解课程价值,建立怎样的课程观,对于教师来说尤为重要。课程观指导教师对课程的开发与实施。选择怎样的课程开发与实施方式,整合怎样的课程资源与选择怎样的课程内容,都源于课程观的指导。相应的,学生也会受到课程观的影响,而对课程的学习内容、学习方式、学习喜好等都会形成自己的取向。有什么样的价值取向,就有什么样的课程追求方向,也就有怎样的课程内容与形式。国内外相关研究表明,学校课程价值取向是在课程活动中,课程主体根据社会历史发展的特点和自身需要,进行价值选择时所表现出来的一种课程倾向性。随着时代的发展,当代课程的价值追求,聚焦于人的全面又富有个性的发展,在个体与社会的动态平衡中,以个体为核心,谋求

---

① 施良方.课程定义辨析[J].教育评论,1994(3).

受教育者的全面和谐发展。

让每一个学生发展,是我国基础教育新课程的核心理念。这显示出,我国基础教育新课程基本价值追求:顺应时代潮流,追求课程的平等民主理念、国际理解理念、回归生活理念、关爱自然和个性发展理念;谋求所有适龄儿童、少年平等享受高质量基础教育;追求"多元教育价值观",培养在生活世界中会生存的人;把关爱自然、追求人与自然的可持续发展作为重要的价值追求,尊重每一位学生个性发展的完整性、独立性、具体性、特殊性。[①] 在课程的目标、结构、内容、实施、评价和管理等诸多方面,我国基础教育新课程改革都已回归于人的发展。而要实现这样的课程价值,需整合好以下主要要素:政府的责任与支持、学校的文化与氛围、教师的素养与能力、学生的主动与建构、社区的资源与利用、家长的理解与参与。[②]

为儿童,每一所学校都应构建自己的课程价值取向:开放性地辩证地处理课程价值中人与社会的关系,以实现人的发展与社会发展的和谐共进;聚焦人的发展,瞄准人的核心素养的提升,为实现人的全面又富有个性的发展,创建丰富的课程;从学校发展的实际出发,注重各种力量的整合,有效利用各种资源,建设学校课程体系,开发出适合学生发展的课程。

尤其,在课程建设过程中,学校应创造校本化的课程评价模式,并通过整个评价体系的操作,对学校课程体系进行系统的改进,使其得以不断完善,进而实现校本化的课程价值。

(二) 为儿童,吸纳课程经验

学校是培养人引领人、发展人的热土,其肥沃的课程将为学校教育愿景的实现,为教师享受教育生活,为学生获得多样发展,带来生机与活力。建设课程,使其发挥应有的价值,对于一所学校的发展至为重要。如何建设好学校的课程? 国内的学校实践,已有诸多经验,可以为我所用。

其一,思想导航:厘定课程哲学。学校课程建设需要以学校的课程哲学为指导,

---

① 张华. 我国基础教育新课程的价值转型与目标重建[J]. 课程·教材·教法,2001(6).
② 徐万山. 论课程价值的实现[J]. 中国教育学刊,2008(2).

明晰学校课程目标,构建课程内容,铺排课程实施,推进课程评价,落实课程保障。这需要审视学校的教育哲学,明确学校所应培养什么样的人。以学校教育哲学为引领,厘定学校的课程哲学,学校共同体成员便因拥有共同的课程愿景,而同心协力,共同建设学校的课程。

其二,规划领路:设计整体课程。立足于学校发展实际,为培养优秀学子,每一所学校都应该规划自己的课程体系。一份完整的课程规划,一般包括五大板块:背景与基础、思想与目标、结构与设置、行动与策略、评价与保障。其背景与基础,呈现的是学校规划课程是在怎样的背景下进行的,新时期学校课程建设已有怎样的优势与不足。其思想与目标,呈现的是学校规划课程以怎样的课程哲学为指导,学校规划的课程将要完成怎样的目标。其结构与设置,呈现的是学校的课程以怎样的逻辑演绎,将构建怎样的课程图谱,具体设置哪些课程科目。其行动与策略,呈现的是学校推进课程建设将采取怎样的行动与策略,解决国家课程的校本化和校本课程特色化问题。其评价与保障,呈现的是学校要构建怎样的课程评价体系,并具体要落实哪些课程保障。

其三,特色打造:创建课程特色。国家课程的校本化实施,主要是通过学校的课堂教学改革进行。学校一旦在课堂教学方面形成了自己的一整套有效做法,显示的是学校实施国家课程的特色。校本课程的特色化开发,主要是通过学校的第二课堂和教育活动来推进的。学校一旦在第二课堂和教育活动方面开发出与课程理念一致的课程,显示的同样是学校的课程特色。同时,学校在学科建设方面,在校本教研方面,也应该形成自己的一套有效做法,显示校本化的特色。校本课程的开发,则应基于学生的发展需求与兴趣爱好,对可能的课程资源进行整合与利用,并依托相应的课程纲要或课程方案呈现出课程框架与实施路径,力求所开发的校本课程及其教材等载体,都具有校本化的课程特色。

其四,操作见效:有效实施课程。有思想有愿景更需要有切实的行动,学校课程建设才能有效实现其价值。为此,学校在建设课程的过程中,要基于理想课程与现实课程的互动关系,把握课程想做与能做及实做的动态平衡,以差距为动力,致力于以最大化的现实课程去实现理想课程的价值追求。

其五,成果推广:展现课程效能。有设计有实施有成果,是学校课程建设的系列作为。一所学校重视课程成果的推广,才更有利于学校课程的发展。也就是说,学校在建设课程发展的过程中,既要重视课程的顶层设计,又要重视课程的有效实施,也要重视课程建设的经验,更要将课程经验转化为相应的成果,并定期开展课程成果的分享活动,向外界推广,进而从外界的专业支持中吸收营养,助力学校课程的深入发展。

二、创生儿童的暖心课程

学校课程是一个静态系统、动态系统和价值系统,有其独特的发展样态。儿童立场课程的样态,以儿童在场的样态呈现于儿童的学习生活之中。儿童在场的学校课程,以悦童的样态,呈现于儿童的学习生活之中:适合儿童发展的课程,能够给儿童带来欢乐,给儿童带来乐趣,让他们认可万千世界的奇妙无穷,让他们用所学课程悦己及人。儿童在场的学校课程,以助童的样态,呈现于儿童的学习生活之中:儿童的发展需要课程的滋养,需要课程帮助他们学会自主学习,学会合作学习,学会探究学习,需要课程帮助他们增长知识,丰富见识,积淀经验,锤炼才干。儿童在场的学校课程,以壮童的样态,呈现于儿童的学习生活之中:儿童就像一棵棵幼苗,需要阳光雨露,需要风吹雪冻,而经由以儿童为立场的课程学习,他们将茁壮成长,日展其能,日显其力。

(一) 为儿童,建构课程体系

儿童立场的课程样态,要展现出其独特魅力,学校首先应通过课程体系的校本建构来呈现。翁小致力于建构与"童味教育"匹配一致的课程体系——"暖记忆课程",以德育为核心,以学生发展为本,以学习方式改变为突破口,留给儿童一段温暖美好的记忆,让儿童在学习中,在玩、看、动、演、做中,体验丰富多彩的活动,享受童年的学习乐趣。

其一,把握课程目标,构建"暖记忆课程"体系。课程是实现育人的载体。翁小在"童味教育"办学理念指引下,围绕"暖记忆课程",确定了课程目标:努力把孩子培养成为"爱学习、愿思考、勤健身、会审美、乐探究"的小公民。从这一个课程目标出发,我们形成了"四叶草"结构课程:即学科特色课程、节庆文化课程、专题聚焦课程和兴趣

爱好课程。（见图4.1）

四叶草课程，有四个课程板块构成，每一个板块体系均指向"每一个孩子"的发展，每一个孩子均要在语言、逻辑、视觉、音乐、自然观测、运动、人际交往、内省等方面有所发展。

根据"四叶草"课程结构图，结合学校课程资源情况，我们对"四叶草"课程的内容体系进行系统构建。如，学科特色课程的开发，我们结合各学科开设了语言发展课程、音乐旋律课程、视觉创意拓展课程、自然探索课程、数理逻辑课程、运动旋律课程等。同时，我们还结合校读书节、英语节、体育节、艺术节、科技节等活动，使课程呈现的方式变得活泼多样。这既改变了学生的学习方式，又让孩子在快乐的活动中自主学习，享受课程的乐趣。（见表4.1）

图4.1 四叶草课程结构示意图

表4.1 学科特色课程体系（部分）

课程维度	底色课程	特色课程	课程目标
语言发展	语文英语	主题词：寻找桂花雨具体课程：《书海拾贝》《我的读书节》《英语影视》《童诗》等	在语言学习过程中，形成健康的审美情趣，发展个性，形成合作精神，逐步形成积极的人生态度和正确的价值观。增强学习语言的自信心，养成良好的语言学习习惯，初步掌握学习语言的基本方法。感受文学人师的语言魅力，能主动进行探究性学习，在实践中学习、运用语言。具有独立阅读的能力，学会运用多种阅读方法。有较为丰富的积累和良好的语感，注重情感体验，发展感受和理解能力。能具体明确、文从字顺地表述自己的意思。能根据日常生活需要，运用常见的表达方式写作。具有日常口语交际的基本能力，学会倾听、表达与交流，初步学会文明地进行人际沟通和社会交往。学会使用常用的语文工具书。
音乐旋律	音乐	主题词：奏响美妙旋律具体课程：《打击乐》《陶笛》《直笛》《葫芦丝》《口琴》等	能够通过器乐学习激发学生学习音乐的兴趣，提高对音乐的理解、表达和创造能力。能够对乐曲进行识谱演奏，学会跟他人合作演奏。能够进行多声部的合奏，并能对自己和他人的演奏作简单的评价。

续表

课程维度	底色课程	特色课程	课程目标
视觉创意	美术	主题词：留住一抹蓝具体课程：《米塑》《剪纸》《木刻版画》《玩转DIY》《细纹刻纸》等	学生能以个人或集体合作的方式参与各种美术活动，尝试各种工具、材料和制作过程，学习美术欣赏和评述的方法，丰富视觉、触觉和审美经验，体验美术活动的乐趣，获得对美术学习的持久兴趣；了解传统美术艺术题材特点，掌握一种地方美术创作技能。在美术学习过程中，激发创造精神，发展美术实践能力，形成基本的美术素养，陶冶高尚的审美情操，完善人格。

根据表4.1，我们对学科特色课程按照年级水平进行设置，构建了课程的具体框架，见表4.2。

表4.2 学科特色课程具体框架（部分）

学科特色课程主题\年级	自然探索	语言发展	美妙旋律	创意无限	数理逻辑	运动健康
	我爱发明	点亮阅读心灯	炫动的乐器	美无处不在	有趣的数学	运动我做主
一上	万能的易拉罐	读绘本／阅读绘本	打击乐	美丽的盐	剪纸／认识剪纸	图形拼组	棋类／围棋
一下	美丽的塑料袋	读绘本／读绘本	打击乐	美丽的盐	剪纸	找规律	棋类／国际象棋
二上	扑克叠叠高	温州童谣／童谣大搜集	打击乐合奏	多彩的乐器	DIY／认识DIY	美丽的对称	跳绳／快乐跳绳（1）
二下	纸桥	温州童谣／童谣我来写	打击乐合奏	多彩的乐器	DIY／玩转DIY	奇妙无穷的数独	跳绳／快乐跳绳（2）
三上	船，我知道	童诗／背童诗	线谱与直笛（1）	线谱与直笛（1）	米塑／认识米塑	魔方	踢毽子／踢毽子（1）
三下	船，我会造	童诗／写童诗	线谱与直笛（2）	线谱与直笛（2）	米塑／捏玩米塑	巧算和速算	踢毽子／踢毽子（2）
......

续表

年级 \ 学科特色课程 \ 主题	自然探索	语言发展	美妙旋律	创意无限	数理逻辑	运动健康
	我爱发明	点亮阅读心灯	炫动的乐器	美无处不在	有趣的数学	运动我做主
每年整合的活动	科技节系列活动、春游秋游活动	读书节系列活动	艺术节系列活动		数学节系列活动	体育节系列活动
课时安排	每周1课时	一二年级整合到语文课中，3—6年级选课	整合到音乐课程中	整合到数学课程中	3—6年级选课	一二年级整合体育课，3—6年级选课

在小学1—6年级形成一个课程系列，以一个主题贯穿起来。同时结合学校传统的文化活动，如每年一届的艺术节、科技节、读书节、体育节活动、数学节活动，把德育活动纳入课程体系之中，做到系列化、规范化、科学化。这些课程的开发促进了教师的专业成长，激活了孩子的学习兴趣，培养了学习的习惯、发展了个性，给孩子留下一段温暖而美好的回忆。

(二) 为儿童，明晰课程路向

通过"暖记忆课程"的学习经历，让学生感受到童年的温暖，是翁小课程变革的主旋律。在"暖记忆课程"开发中，学生是第一受益人，他们在众多课程中实现着自己的理想和志向。

其一，建立选课机制，还给学生自主选择权利。我们向孩子提供的"暖记忆"课程"菜单"，孩子可以圈点自己喜欢"吃"的"菜"，教师不再是"点菜者"，而是"菜单提供者"，"点菜"的权利交还给了孩子。

其二，创新评价方式，让孩子体验成功的快乐。我们坚持先行试验，总结经验，提供案例，再推广实施步骤，增强课程实施的科学性和稳妥性。其间课程组每学期进行经常性的研讨和评价,及时反馈信息和调整课题研究过程,要求有阶段性地进行小结。经过研讨的专题活动内容,被用于教学活动中,必须请学生对教学内容提提意见,发表看法。

当然,教师们的素质也不断得到提高,他们在感受到沉重的压力、重大的责任的同时,更多地激发了自身发展的渴求和冲动,教师们的观念在逐渐更新,科研意识、研究能力也进一步增强,学校课程建设使教师人尽其才。

"个性化教育"是小班化教育的核心价值理念,也是小班化教育乃至一切教育的内在的、本质的、终极的追求。围绕"童味"教育这一主题,翁小确立了校本课程开发理念,以自主创编教材、拓展学科教学为目标开发个性化的小班化教育校本课程,以体现学校对小班化教育的个性理解,彰显小班化教育的优势,满足学生个性发展的需求,从而推动师生多元发展、自主发展和学校特色发展。

从2012年开始,翁小尝试学科拓展教学,有儿童画、思维训练、阅读、运动项目等,让学生自主选择。根据自己的兴趣与情感需求,选择学习的内容、学习伙伴、授课教师等,为学生提供了一个由其独立决定的学习方式和自主性学习群体,从而拓展了自主教育实践的深度和广度。我们认为,孩子们感兴趣的就是他们想学的,孩子们感兴趣的就是我们想教的。因此,我们开发了《童味课程》系列校本课程,有《校园里的100种植物》《数学史料知多少》《童"戏"童年》《儿童诗集》等等。

第二节 课程:童味自来

课程如童话,童话就是课程。学习课程犹如学习童话一般充满诗情画意,这对于儿童成长来说具有重大的价值与意义。因此,在课程建设过程中,翁小把课程当作童话来勾勒描绘,让学子在喜爱与迷恋童话般的课程学习中健康、快乐、和谐地成长,留下一生温暖的记忆。

一、丰富儿童的成长经历

从 2012 年开始,翁小进行"童味教育"的尝试与摸索,并于 2014 年开始建设与"童味教育"匹配一致的课程体系。随着学校课程建设的深入,翁小的教师积极创生课程,既给自己和家长、学生留下了美好的回忆,也对学校的课程有了更清晰的认识与理解,并提升了课程领导力。

(一) 为儿童,开发姆姆农场

"姆姆"是本地方言,指小孩子,带有亲昵情感的称呼。"姆姆农场"是翁小拥有的占地 2.2 亩面积的劳动基地,是翁小所开发的适合学生活动的一个农场基地。

综合实践活动是在教师引导下的学生自主进行的综合性的实践类活动,是基于学生的直接经验,密切联系学生自身和社会生活、体现对知识的综合运用的课程形态,强调以学习者的体验和社会需要的问题为核心进行课程整合,淡化学科界限,突破课堂时空的界限,向社会生活领域和自然环境延伸,注重培养和发展学生综合运用知识解决问题的能力和实践能力。

将"姆姆农场"与综合实践活动联姻,翁小依托"姆姆农场",开展了一系列的综合实践活动,推进了"暖记忆课程"的深入开展。

这一课程开发的目标在于:第一,"姆姆农场"课程探索综合实践活动学校特色资源利用与开发的途径与方法,学校开发与教育教学紧密联系的课程资源,形成具有地方特色、符合学生身心发展特点,满足学生兴趣、爱好的课程资源体系。在理论与实践的结合上,初步探索特色课程资源的程序、策略、方法和途径,形成一些可推广的个案以及经验。第二,以"姆姆农场"课程的开发和利用为切入点,进一步完善综合实践活动的课程资源,面向学生完整的生活领域,为学生开展活动提供多样化的资源选择,培养学生爱祖国、爱家乡的情感,培养学生的创新精神和实践能力,促进学生个性的发展,促使学校和老师进一步转变观念,提升课程开发和运用的能力,构建丰富多彩、特色鲜明的校本课程。

基于以上目标,这一课程的开发分四个阶段,进行相应的行动研究,分别是研究准备、操作实施、总结评估。

(1)"姆姆农场"分版块图。"姆姆农场"占地 1445 平方米,是一块不小的地,怎么把这么大的面积充分利用起来,并能有效开展活动呢?通过课题组成员的多次讨论,以及陈勇兵教授的实地考察给出的指导意见,我们确定在原有农场的分区基础上,再进行细化。参加活动的每个班分到的基地约为长 8 米,宽 1 米的一块地。其中三年级四个班级的农场地还被定为"蓝莓基地",在合适的季节里一起播种蓝莓种。

(2)课程设计——解决"上什么"的问题。我们要求教师制定教学计划,将教学内容呈现出来,也可根据季节、天气等情况进行调整。以下是 2014 年度的"姆姆农场"社团教学计划:

课题	教学内容	教学目标
1. 漫步在美丽的菜园中	孩子们分好小组,参观小菜园,记录下所见的植物、昆虫以及其他事物的有关内容,并探讨其作用。	提高学生的观察能力,增加对自然界的了解。
2. 神奇的土壤	通过做实验的方法让学生了解土壤的神奇。	1. 指导学生通过对土壤进行成分分析的实验,认识土壤是由哪些物质构成的。 2. 使学生经历"提出问题—设计实验—实验验证—得出结论"这一科学探究的过程,培养学生观察、分析、概括能力。
3. 动动小手来松土	讨论松土的作用,并使学生学会锄土的本领。	1. 了解松土对于植物种植的好处。 2. 增强对劳动的兴趣。
......		
4. 探究大白菜过早开花的原因	学生观察两种不同品种的大白菜,师生共同探讨大白菜早开花的原因。	1. 通过观察不同品种的大白菜的生长情况进行分析,哪一种更适合在春天种植。 2. 仔细研究大白菜开的花的形状,增强对花的认识。

续表

课题	教学内容	教学目标
5. 丰收的菜园	指导学生收成的技巧，以省水方式开始洗菜。	1. 提供学生一次采摘蔬菜的经验的机会。 2. 培养学生分工合作的意识和尊重他人的品质。 3. 学生可以直接体验丰收的喜悦，激起种菜的兴趣。
6. 丝瓜的一生	学生自由地对丝瓜的生长过程进行提问，老师把学生随机提的问题整理分类。 学生分工合作进行探究并汇报。	1. 了解丝瓜的生长过程。 2. 学生养成通过各种方法进行解决问题的能力。 3. 学生的合作、沟通能力得到提高。

这一系列的活动，不但培养了学生热爱劳动、尊重劳动的品质，还锻炼了动手能力，掌握了简单的劳动技能，提高了发现问题、解决问题的能力，增强了团队合作的意识。

(3) 课程实施——解决"怎么上"的问题。"姆姆农场"的实施从以下几方面来进行——社团活动为主、专题活动为辅。

第一，社团活动为主的课程实施。在教学中，我们进行了许多尝试，总结出以下三种教学模式：

开放——实践式教学。如，教学《如何用铁锹、锄头松土》时，我们采用的是现场教学实践。

上课时间：2014.5.17　天气：阵雨　温度：20—27　北风，微风

教学目标：

1. 了解并学会松土的基本方法。
2. 体验松土、整地的过程。
3. 在劳动中锻炼动手能力，培养爱劳动的品质。

教学准备：

铁锹、锄头等。

教学过程：

一、谈话讲解

1. 为什么要松土？

松土主要是让土壤不至于板结，板结会影响根系接触空气，造成烂根。在露天的大气中植物才能获得氮肥，且氮肥一般在雷电雨中才能在空气中合成并通过雨进入土壤。

2. 松土的动作要领是什么？

老师和指导员叔叔讲解用铁锹和锄头松土的基本过程和方法。学生认真聆听，学习动作要领。

指导员示范动作：

1. 先将铁锹往土里插下，用脚在铁锹上用力踩下。
2. 用力将铁锹翻起。
3. 用锄头将土锄松，推平整。

二、动手实践

学生学着老师的动作，在田间松土。

老师巡视，指导。

三、活动总结

1. 松土是个比较花力气的活，学生力气小，可个别尝试几次动作，轮流学习动作。
2. 每次使用锄头或其他工具时，都要注意安全。

学生在经历这样的课堂后，发生了很大的变化，很多学生在活动体验中写道："今天的农场课上，我第一次抡起了锄头。想不到锄头这么重，我看过电视里用锄头还以为这是件轻松的事呢，今天自己试过之后才发现：一点都不轻松！没几下，我的额头就冒出了汗，手累得举不起来了。不过看着我们锄过的地，我的心里别提有多自豪了！"是啊，只有亲身体验过，才能感受到这样的自豪啊！

引导——对话式教学。"姆姆农场"的课堂和传统课堂有着明显的区别，它受天气、季节等因素制约,要进行临时的改变。我们在制定计划时,就充分考虑到了这一点。我们在教学《菜园里的学问——植物的根》时,就制定了这样的教学计划。

> **一、认识菜园植物**
> 到乡间的菜地里看一看,你能认得几种蔬菜?
> **二、植物的构造**
> 地球上的植物千差万别,即使在一个小小的菜园里,每种植物也各不相同。但是,大部分的植物,尤其是菜园里的植物,都有着相似的构造。它们都有着根、茎、叶、花、果(种子)等器官。而每一器官,按着上帝奇妙的安排,都对植物的生存、繁衍起到某种作用。
> **三、植物的根**
> ……
>
> 引导+实践——互动式教学。教学《播种玉米》时,我们采用的是室内教学和室外实践相结合的方法。先进行室内教学的部分,让学生观看"撒播种子方法"的视频,了解农业知识。然后到"姆姆农场"实地播种。
>
> ……
>
> 通过同学们的日常护理和田间管理,玉米的长势喜人。我们指导学生根据小组合作,观察作物,写出观察日记和心得体会。

在这样开放互动、注重实践的课堂中,作为学习的主体者——学生,凭借的是自身的主观努力去学会学习,这种学习绝对不会是孤立的、封闭的学习,是既凭借自身的力量开拓学习,又是向他人学习。在蓝天黄土中,在大自然里,师生都怀着愉悦的心情,似乎只是在交往、聊天,激活学生主体参与,不断引起学生理解、认知、探索、发现以及想象和表现的欲望。在这里,他们成了真正的主人。

第二,专题活动为辅助的课程实施。我们的"姆姆农场"里以及校园里栽种了许多植物,有美丽的花朵,郁郁葱葱的树木,就像充满生机的大花园,但学生很少知道这些植物的名字,他们想知道,问了老师,连老师也说不清楚。如果给植物做一张名片,这是一个非常有趣又十分贴近学生的研究问题。于是,课题组老师着手指导三年级学生开展这个活动,他们先制定了"制作植物名片"的方案,再通过实地参观学校,联系学校附近的花圃,请园艺老师介绍,上网查找资料,观察、采访调查,制作校园植物名片,给校园植物名片挂牌,解说明星评比等一系列探究活动,让学生亲近校园植物,学到更多课本上没有的知识。活动开展以来,学生们个个热情高涨,每次活动都非常兴奋,经常可以看到他们在校园里穿梭的身影,成为学校一道亮丽的风景。

此次《我给校园植物做名片》活动主要阶段包括:

第一阶段:准备阶段(3课时)——提出任务、确立小组、制定方案

第二阶段:实施阶段(7课时)——园艺师傅介绍校园花木、如何查阅资料、如何做采访、小组内活动和指导、活动中期指导、资料的整理和制作校园植物名片

第三阶段:总结阶段(3课时)——校园植物名片挂牌活动、解说明星评比活动、成果展示和总结评价。

学生主题活动学期计划如下:

主题活动名称	我给校园植物做名片
实施年级	三年级
第十二周	确立研究主题
第十三周	组建合作小组、制定活动方案
第十四周	园艺师傅介绍校园花木、如何查阅资料
第十五周	如何做采访、小组内活动和指导
第十六周	活动中期指导、资料的整理和制作校园植物名片、
第十七周	制作校园植物名片、成果展示一:校园植物名片挂牌活动
第十八周	成果展示二:解说明星评比活动、总结评价

……

活动后,有学生写出了这样的体会——

从这一次综合实践活动中我们受益匪浅，因为它能让我们学到很多东西。比如，我们制定活动方案时要合理分工。在倾听园艺老师讲解的时候，原本不知道的植物的名称现在都知道。在设计采访问题的时候要把问题设计得简洁明了，让人一听就明白。在采访别人的时候要有礼貌，注意礼貌用语。在上网查找资料的时候，我们学会了怎样把资料放到QQ硬盘里。在制作名片的时候，我们学会了怎样图文结合、打印名片和已打印好的名片进行塑封。在塑封的时候我们知道了塑封有防水、美观、牢固、耐用的作用。在挂名片的时候，我们知道了名片应该挂在非常显眼的地方。

　　这样的活动非常有意思，我非常喜欢。

——崔琪

　　经过这次"制作植物名片"的活动，学生认识了形形色色的花草树木，知道其名称、形态、特点等，了解了制作简单植物名片的基本方法；初步掌握了收集信息和处理信息的能力，提高了动手能力。学生通过活动不但增强了主体参与意识和群体合作意识，还感受到了与他人合作交流的乐趣，体验成功的喜悦。

　　（4）课程评价——体现"上得怎么样"的问题。评价是指挥棒，能引领同学们积极主动地参与活动；评价是催化剂，是激发同学们不断前进的内驱力；评价更是尺子，衡量同学们活动的参与度和效度。我们设计制作了"姆姆农场"活动评价表，指导学生对活动进行评价，记录。

　　"姆姆农场"活动评价表如下：

小组名称		活动主题	
组　　长		指导教师	
项　　目	小组合作评价		得星数
选　　题	1. 活动主题的科学性、可行性 2. 活动方案的制定（研究方法、分工、活动步骤等）		

续表

项　目	小组合作评价	得星数
过　程	1. 小组成员参与活动的态度 2. 活动记录的完整、及时 3. 获取信息多样性与合作性 4. 小组成员间的协作情况 5. 小组成员创新精神的体现	
成果	1. 所收集材料的完整性 2. 活动体验的真实性 3. 成果展示有新意、内容丰富	
评价人		总计星数	

其三,总结评估阶段(2015年6月~2015年9月)。

在实践研究的基础上,将信息资源整合提炼,整理和分析研究结果,撰写报告准备结题鉴定,召开结题鉴定会,对课题研究进行评审验收。

"课程改变,学校改变;课程改变,学生改变"是我们的深刻体会……

(二)为儿童,拓展学科课程

学科教材是学科课程的主要载体,是师生对学科课程进行教与学的主要依凭。课程资源存在于广阔的世界、学科宽博的知识体系和学科间的整合之中。对学科课程进行拓展,是学科课程建设重要的课程行为。翁小的教师在"童味教育"办学理念引领下,对学科课程的拓展进行了有益的探索。

其一,语文学科课程的拓展。读书使人明理,读书使人高尚。为了进一步营造书香校园文化氛围,鼓励学生以书为友,养成良好的读书习惯,提高全体学生阅读兴趣,增强读书实效,让师生在浓厚的阅读环境中品读经典,与人类崇高精神对话,通过阅读营造浓郁的书香校园氛围,让好书陪伴孩子快乐成长,让"多读书、读好书、好读书"这一理念深入到每一位学生的心中,让读书成为全校师生的一种习惯、一种自觉和一种享受,让好书陪伴大家成长。翁小开展相应的课题研究,不仅提出明确的阅读要求,而且开展了系列阅读活动。

一年级"读绘本"：通过阅读绘本故事，同学间互相讲述。活动要面向所有学生展开，让每一位学生参与到这个活动中来。班主任老师可以利用早读时间，中午时间让学生参与展示，并评选出绘本故事王5名，到大队部领取绿叶章2枚。

二年级"画绘本"：通过阅读绘本故事，自己创作一本属于自己的绘本，学生可以合作完成此项活动，并对创作绘本作品评选出一、二、三等奖给予奖励。

三年级"制作读书座右铭书签"：座右铭可以是摘录的名言名句，也可以是自创的，将座右铭设计在一张自制的书签上，将读书座右铭书签上交评比，学校将评出一、二、三等奖给予表彰。

四年级"制作阅读摘录卡"：班级同学根据学校下发的"阅读摘录卡"完成里边的内容，并将摘录卡上交评比，学校将评出一、二、三等奖给予表彰。

五年级"制作好书推荐单"：班级同学根据学校下发的"好书推荐单"完成里边的内容，并将推荐单上交评比，学校将评出一、二、三等奖给予表彰。

六年级"我的读书故事分享"：每个人都有属于自己的读书故事，请将故事以文字的形式写下来与同学分享，班主任老师挑选1—3名同学让他们向全校师生分享他们的精彩故事。

其二，数学学科课程的拓展。随着课程改革的深入，学校给我们提供了很好的机会，每周三下午是孩子拓展性课程的时间。我们数学老师根据自己的学科特点和孩子的年龄特点，开设适合不同孩子的不同课程供孩子们选择。

如，数学学科特色课程：数理逻辑——《生活中数学》。

实施年级	微型课程	学习目标	课程资源	活动设计
一上	图形的拼组	通过对图形的组合，发现美、创造美。	收集美图，创造美图	1. 认识图形。 2. 创造美图。

续表

实施年级	微型课程	学习目标	课程资源	活动设计
一下	找规律	发现、经历、探究图形和数字简单的排列规律,培养观察、操作、推理能力,发现和欣赏数学美的意识。	有规律的图形、数字的排列课件	1. 认识规律 2. 创造规律 3. 展示规律
二上	美丽的对称	寻找生活中的对称图形,感受数学中的对称美	各种对称图形实物、照片、课件等	1. 认识各种对称图形 2. 创造对称图形 3. 对称图形作品展示会
二下	奇妙无穷的数独	进一步培养推理能力,感受数学的无穷魅力	关于数独的发展历史、数独智力运动会资料、稍复杂数独游戏题	1. 了解数独游戏的发展历史 2. 玩数独游戏 3. 数独挑战赛
三上	魔方	开发创造性思维,开发智力,培养动手能力	魔方(8个正方体)	1. 介绍魔方 2. 记住拼魔方的技能 3. 学生练习巩固
三下	巧算和速算	掌握速算和巧算的方法,提高计算能力和思维能力	有关巧算速算的习题	1. 复习运算法则 2. 灵活运用法则
......				
六上	小小理财家	懂得合理安排及使用金钱的重要性,掌握资料收集与整理、调查等实践方法,养成节约用钱、合理消费的良好习惯。	银行年利率,各种理财产品,理财方法等	1. 了解勤俭节约的例子 2. 为自己设计理财方案 3. 交流展示
六下	伟大的数学家苏步青	知道数学家苏步青生平,收集苏步青的相关故事,感悟作家创作的生活背景的影响。	苏步青的故事、温州数学家的资料	1. 了解苏步青的故事 2. 收集温州数学家 3. 制作温州数学家手抄报并展示

二、增长儿童的多样才干

(一) 为儿童,看见游戏魅力

游戏是适应儿童天性、增进儿童发展的活动。莎士比亚说:"游戏是小孩子的'工作'。"小学科学教学要求引导学生学习与周围常见事物有关的浅显的科学知识的同时,培养他们的观察能力、实验能力、思维能力,逐步养成科学的行为习惯和生活习惯,尝试科学探究活动,保持和发展对周围世界的好奇心,形成大胆想象、敢于创新的科学态度。为此,翁小开发了"小学生最喜欢的100个科学游戏"课程。这些游戏简单、有趣、容易动手操作,包括多方面的知识。这一游戏课程主要分为"观察类游戏、实验类游戏、魔术类游戏、技能训练类游戏、趣味小制作、种养类游戏"6个模块课程。

观察类游戏。科学观察是一种有目的、有意识、有计划的观察。科学观察只是科学探究活动中的一个部分,但它却贯穿整个探究活动中的灵魂。培养学生科学观察能力是科学课的重要目标。为了从小培养学生的观察能力,通过适当的游戏活动,集中儿童的注意力,训练他们掌握一些基本的观察方法,是非常重要的。如观察土壤、蜗牛、蚯蚓,观察植物生长的向光性等。

实验类游戏。在实验活动中,学生边玩边能学会使用各种简单的实验器材,进行简单的实验操作,并在实验活动中认识自然事物和现象,了解事物的性质及其相互之间的关系。例如下面的游戏:

> 游戏名称:踩影子游戏。
> 游戏目的:帮助学生发现影子产生的原因,培养儿童的观察和分析能力。
> 游戏方法:教师带学生在操场上站成两排,听口令后,互相踩对方的影子,要求双脚同时踩到。

> 游戏引出的问题：我们有时玩踩影子的时候，看到同学们的影子是长长的，很容易被踩到，而有时玩的时候，却看到同学们的影子只有一点点，刚好踩在自己的脚下，所以很难踩。这是为什么呢？
>
> 随后，开展一系列探究"影子"的活动，让学生通过探索了解影子的一些特征：①影子从哪里来？②影子是什么样子的？影子有颜色吗？③影子会变吗？

魔术类游戏。自从2009年春节联欢晚会上魔术大师刘谦表演魔术之后，魔术一下子使我们生活丰富起来。很多学生都看过魔术大师刘谦在"星光魔范生"上表演的"浮沉子"魔术，这个实验可让学生自己来表演，不过老师事先要准备好魔术实验器材，表演时老师只能作为学生的助手，适时配合，比一比谁的表演更好。学生一只手拿浮沉瓶，用大拇指悄悄按压塑料瓶身，另一只手假想做一些控制浮沉子的手势，配合魔术的语言，使实验更神奇化。实验现象妙趣横生必然引起学生强烈的好奇心，为了弄清其中的奥妙，学生听课注意力就更集中。这些魔术实验不仅可以作为课堂引入来使用，创设最佳的教学情景，也可以作为巩固新授知识使用，放在一节课中间，甚至还可以为一堂课结尾画龙点睛。

技能训练类游戏。小学阶段的技能训练，有助于提高学生实验操作、工具使用以及动手制作的能力。多次重复某一种操作训练，对小学生来说是枯燥乏味的。他们在操作过程中，往往只对现象感兴趣，而对操作是否符合要求、是否熟练搁置一边。如果采用适当的游戏教学，则可较好地克服这种状况。如在教学训练的基础上，有目的地挑选各组不同水平的学生，代表本组上讲台进行操作比赛，让下面的学生评判他们在操作过程中的优缺点，在这个基础上再进行训练，效果就好得多。

趣味小制作

课外小制作是在教学研究和教学改革中出现的一种新的实验形式，能把课内学习的知识和日常生活中丰富多彩的科学世界联系起来。它既能面向全体学生，又不要求每个学生都进行同样的活动，可以是单人制作，也可以是几个学生组成小组共同研究。通过活动，可以培养学生的创新意识、自我设计实验和动手能力，还有利于培养学生相互协作的精神，锻炼独立工作的能力，有利于学生个性的发展和智力的开发，有利于发现人才和培养人才。

小制作在选题上具备趣味性,并能引起学生的兴趣。制作的作品比较简单,没有危险性,用到的材料是日常生活常见用品,价格便宜。如制作大风车、风筝、趣味玩偶、小小传声筒、喷气式气球、简易日晷等。

种养类游戏。种植养殖活动,是小学生进行科学教育和劳动教育的有效方式之一,也是少年儿童喜爱的一种活动。通过这些活动,可以使少年儿童学习使用简单工具,应用已经学得的科学知识于生活实践,从而在劳动实践中,获得一些种植养殖技术,丰富和巩固课堂知识,培养珍惜生命、热爱生命的思想。如:绿豆发芽种植、口袋种马铃薯、花盆花生、喂养宠物蚯蚓、生态瓶养殖等。

电脑类游戏。电脑游戏对当代青少年的学习和生活产生不可忽视的影响,越来越多的家长、老师及社会舆论把现时青少年中出现的种种不良现象归咎于电脑游戏,把电脑游戏视为"洪水猛兽",一轮围追堵截之后,收效甚微。哲学上认为世上任何物体都是矛盾的统一体,很多事物有利也有弊,所谓"水能载舟亦能覆舟",作为教育者,应该抓住电脑游戏对青少年的巨大吸引力的优点,充分利用其优势为教育所用,去其弊取其利,真正做到"水能覆舟亦能载舟"。儿童大多喜爱电脑游戏,而将科学知识、技能和应用融合在电脑游戏中,开发出有益的科学游戏软件,是摆在我们面前的一道课题。

以下6大游戏模块课程要目如下:

游戏类别	观察类游戏	实验类游戏	魔术类游戏	技能训练类游戏	趣味小制作	种养类游戏
游戏名称	童眼看世界	姆姆我会做	童戏童年	玩转一百个	童年童味	玩在童年

这些游戏按一定板块进行课程的设计,示例如下:

一、萝卜喝水

【你需要准备】
两碗清水、一匙食盐、小刀

【游戏步骤】

1. 准备两碗清水,往其中一碗里加一匙食盐,搅拌均匀;

2. 把萝卜切成条,每碗水中分放三四条;

3. 两小时后,取出萝卜条。

【发生什么呢?】

用手按按泡过的萝卜条,放在清水里的是硬的,放在盐水里的是软的。

【游戏中的科学】

萝卜的细胞外面有细胞膜,它能让水分进出细胞,当细胞外液体的盐分浓度高于细胞内时,细胞中的水分会向外流出,以降低周围的液体浓度,所以,泡在盐水里的萝卜失去水分而变软,相反的,在清水里的细胞会吸收水分,这使得碗中的萝卜变得更硬实了。

九十二、落花生

【你需要准备】

直径12厘米以上的花盆、花盆堆肥(土壤)、带壳花生(未加工过的)、保鲜膜(塑料薄膜)。

【游戏步骤】

1. 找一个装满花盆堆肥(土壤)的大花盆,轻轻把表面压平整。用手指沿中线把花生挤开。

2. 把花生自然放置,约7~8颗,间距均匀。

3. 用大约2厘米的花盆堆肥(土壤)覆盖好它们,浇透。

4. 用保鲜膜将整个花盆覆盖起来,以保持足够的温暖和潮湿,促使它们生长。发芽后,移除保鲜膜,这大约需要2周时间。

【发生什么呢?】

植株很快长大,子房授粉后,花生在地下结出了像种子的果实。

【游戏中的科学】

花生不是严格意义上的坚果,而是和豆类有些渊源。它体型小巧,只能活一个季节,子房在授粉后由于需要在黑暗潮湿的环境里发育,所以就会弯腰垂落到地面上,把自己埋在土壤中,长出果实,这就是落花生名称的由来。

(二) 为儿童,体验课程美好

随着"暖记忆课程"建设的深入推进,翁小的天地里播撒了欣欣然发芽的种子,课堂如春天般悄然发生了变化,温暖充斥于师生之间、生生之间、学生与课堂之间……老师们更多地关注孩子的学习方式了,以学定教;课堂更关注孩子学什么,给孩子怎样的体验和经历……我们的课堂更加开放了,孩子们的学习内容更加贴近孩子的心理了,动手实践的机会多了,体验深切了,经历丰富了,孩子们的兴趣广泛了。

其一,生活在别处的童年——我们的班级读书活动。童年需要生活在童年的故事里,而文学让童年生活在别处。阅读犹如一盏灯,可以点亮孩子生命的天空。如何帮助儿童快乐地阅读,让阅读成为他们的生活习惯呢?翁小的马丽双老师进行了班级读书活动课程的开发,并从深度体验中获得了四把开启班级读书活动的钥匙。

1. 让阅读在倾听中开始

我们学校是一所农村学校,家长素质参差不齐。童书共读实践活动一开始,我让学生带几本课外书来看看,他们带来的不是作文选,就是"脑筋急转弯"之类的书。竟没有一本"像样"的童书,甚至有些孩子家里根本没有课外书,家长说:语文都学不好,还哪有功夫看课外书?说得还挺"理直气壮"的,弄得我哭笑不得。于是我打算让阅读从倾听中开始,带来了女儿的睡前《365夜故事》,大声为学生朗读故事。

我之所以用故事引路,打开阅读之门,是因为故事是一双五彩斑斓的翅膀,它飞向孩子们;故事是一只可寻可探的手,它触摸着孩子们。每天的早读课,是我们班学生最期待的。扣人心弦的故事情节和传神的语言让孩子们陶醉。短短二十分钟的读讲，虽然我已经口干舌燥，可是一看到这群小家伙燃烧的眼神，我不忍止住。很快故事书读完了，我便为孩子们朗读了《猜猜我有多爱你》、《我爸爸》、《爷爷一定有办法》、《想吃苹果的鼠小弟》、《大个子老鼠小个子猫》、《鳄鱼怕怕，牙医怕怕》、《猩猩小宝贝》等一批图画绘本，以及《小猪稀里呼噜》、《乌丢丢的奇遇》、《草房子》、《笨狼的故事》等大批文学名著。

2. 让阅读在"捐书"中运作

配合童书共读实践活动的开展，班级图书角的建设就成了当务之急。于是我设立了家长委员会，先动员家长委员会成员开始为班级捐书，然后带动全班学生家长一起参与到这项活动中。我学习山东常丽华老师的做法，给家长写信——《让阅读成为孩子的生活方式》，建议家长为孩子买几本真正属于孩子的童书。有些家长不知道买哪些书好，于是我就成立了班级图书银行。有书捐书，没有可以捐钱，第一笔资金到位后，我和家长委员会会长一起到温州的图书批发市场批发经典童书。现在，我们班的图书角已拥有近100册图书，这些书在同学之间循环"漂流"，他们经常三五成群地聚在一起，讨论着同一本书，那热情不亚于分享玩具或美食。

3. 让阅读在活动中推进

读书可贵，更贵在坚持。如何使学生对阅读保持持久的兴趣，使阅读成为大家的生活习惯，开展多元化的读书活动是最好的手段。

(1) 利用媒体，精心打造读书活动

中央电视台科教频道每天中午播放"子午书简"栏目，里边有经典的名著选读，在每天有限的时间里，我们既可以欣赏到优美的画面，又可以聆听到优美的语言，那些原本枯燥的文字从知名播音员的嘴里倾吐出来的时候，仿佛变成了一串串跳动的音符，萦绕在学生的耳畔，震撼着学生的心灵。这不能不说是一个优质的课程资源。每天中午我就组织学生在教室里看《子午书简》，有能力的同学还可以写写听后感，在每周四的读书课上进行交流。还有中央台的少儿频道也是我们班学生的最爱。《动物世界》、《科学探索》、《走遍中国》等电视节目都是我们学生必看的，有的还要求和家长共同观看，完成观看日记。通过这些活动，可以唤起学生心中美好的情感，碰撞思维的火花，深化对读书的体悟与认识。

(2) 开展了丰富多彩的"五个一"活动

① 每日一诵。每天早晨,我们有10分钟的诵读时间。一首古诗、一则童谣、一首儿歌,或是儿童诗,《三字经》《对韵歌》《弟子规》等,方法非常简单,孩子们跟着我一遍一遍地念,新的内容会背了,又反反复复地诵读前几周读过的诗文、歌谣,师生在一首首童诗中进行着心灵的互动,徜徉在诗歌所传达的美好意境里。

② 每日一句。光读书不注意积累、吸收的话,这种读实际上是一种浪费。我们班为积累"每日一句"准备了一块小黑板,由学生轮流负责摘抄精彩的语句,并领着大家朗读、背诵。大家把这个句子抄到自己的"成长的足迹"中,当天背诵下来。日积月累,孩子在口头表达和写话中把它们派上用场,语言生动了许多。

③ 每月一书。为了提高学生广泛阅读的实效,我以课堂为载体,每周开设一节阅读课,对学生的课外阅读进行指导。以一个月为一个阶段,循着"导读——推进——梳理"的进程师生共读同一本书。在学生阅读一本书开始的导读课上,我采取介绍故事片段,分析人物形象、朗读精彩语段、根据封面猜测等方法,激发学生的阅读欲望。

④ 每周一讲。针对学生买书及读书数量不断增多的情况,我在每周的阅读课上抽出五分钟时间,开展"每周一讲"活动,让学生向大家推荐自己最喜欢的书。我把学生的名字都写在小纸条上,放在一个箱子里,抽到谁,谁就带上书本上台来,可以讲一讲印象最深的内容,讲一讲自己与这本书的故事,讲一讲自己喜欢这本书的原因。这项活动的开展,不仅使我掌握了学生买书、读书的方向,更让我和学生了解了许多好书。

⑤ 每周一卡。每周一讲的五分钟远远满足不了学生介绍好书的热情,课余时间经常有学生捧着自己的书向老师、同学炫耀。我让学生选择自己最欣赏、最喜欢的好书,在认真阅读的基础上把这本书的主要内容、值得阅读的原因,以及部分精彩语句做摘录,编写在书签式的卡片上,最后标上推荐人的姓名,也可以画上装饰性的花边图案。卡片制作好后,挂在教室的"成长的足迹"中,供同学们参阅、交流,每周一张。这样极大地激发了学生参与制作的热情,提高了学生读书的积极性以及鉴赏、选择好书的能力。此后,给学生读的书目几乎用不着我推荐了,光是学生推荐的书我都读不过来。

4. 让阅读在评价中内化

每日一诵活动后,为了更好地激发学生阅读的积极性,我们也进行了一定的奖励机制:每十首会背,可以换取绿叶章一枚,荣誉卡一张,十个绿叶章可以换一枚红花章,五个红花章可以评为一星级少年。一枚红花章的同学就可以参加班级组织的快乐抽奖一次。在这样的激励下,学生诵读的积极性被调动起来了,每天都争着要求背诵,盖印。还有每读完一本书经家长签字以后,就可以把这本书借给班级的图书角,老师就颁发一张读书卡。还可以凭卡到图书角借一本书带回家阅读,获得三张读书卡可得到阅读小学士的喜报,以后还可以获得阅读小硕士,阅读小博士,阅读小院士等荣誉称号。

从马丽双老师的课程开发实践来看,教师通过各种方式,指导学生阅读,和学生一同阅读,就能帮助学生打开一扇又一扇文学的窗口。文学让童年生活在别处!

其二,拓展学生课外的阅读。随着新课程改革的不断深入,1～2年级安排了大量的识字任务,要求学生认识常用汉字1600～1800个。大量的识字背后的根本目的就是让学生去阅读,让学生喜欢阅读,感受阅读的乐趣。让学生花大量的时间去阅读,不仅是对识字教学的一个巩固,而且还是对学生正确人生观的一个积淀。

0—13岁是儿童记忆力的黄金期,也是文化素养、高尚人格的关键形成期,这时候让孩子去背诵"经文",能奠定一生优雅人格和事业成就的基础。学生通过诵读"经文",在深度智慧的熏陶下,就能养成良好的品质,也必然促进孩子"德、智、体、美"全面的进步,这将成为他一生智慧的源泉。

于是,翁小的徐小艳老师对课外阅读课程的开发进行了探索,体验了课外阅读课程的成功之道。

一、以"调查问卷"为钥匙,开启课外阅读之门

结果显示,孩子的阅读情况很不乐观,我想现在的儿童最需要的是一个看得见、摸得着的阅读典范,借以影响其阅读的兴趣;其次是一个方便的阅读场所和一种浓郁的阅读氛围,借以培养其阅读的习惯;再次就是阅读后有深度,有品味,有质量的师生交流,借以提高其阅读的能力。我把阅读计划分成三个阶段:培养学生阅读的兴趣、提高学生阅读的能力、教会学生阅读的方法。

二、以"亲身阅读"为基准,把握课外阅读之度

1. 有效择书,为阅读敞开大门

假如老师缺少阅读,随随便便找来名师推荐书目或经典名著,一股脑儿地丢给学生,这是不科学的。暂且不说,名师的学生跟我们的学生阅读能力,不在同一条水平线上,假如教师自己都不了解这些书里说了什么,这是什么样的书,没有预先的阅读和设计,是无法有效指导学生阅读的。教师为学生选书,必须自己先行阅读。

(1) 先行阅读,才能适度选择

(2) 先行阅读,才能适时选择

2. 教师阅读,为阅读树立榜样

(1) 读给学生看

(2) 读给学生听

(3) 上精彩绘本课

三、以"各种活动"为玉石,激阅读兴趣之浪花

1. 领进作家,亲密接触

2. 漂流书籍,提供食粮

(1) 班内漂流

(2) 班间漂流

3. 美文导读,催化动力

4. 童话表演,热爱童话

5. 读书心得,自我成长

6. 读书交流,博采众长

7. 评价反馈,推波助澜

四、以"点化读物"为引领,让保底与弹性并行

1. 推荐必读读物,保底与弹性并行

(1) 以课文作者为阅读拓展点。

(2) 以课文背景为阅读拓展点。

(3) 以课文原著为阅读拓展点。

(4) 以相同主题为阅读拓展点。

2. 点化策略，方法与习惯共生

人教小学语文教材中也有许多课外阅读的"指南"，它是课标要求的具体化、细腻化指导，虽然每次呈现只有短短的几句话，却是字字珠玑。它实际上点化了一个阶段的课外阅读，指点了策略、方法、途径等。

3. 实践与运用共进，习惯与方法共生

(1) 规定阅读时间量，培养阅读之习惯

(2) 师生共读一本书，得阅读方法之钥

(3) 习阅读方法，在阅读过程中之应用

一分耕耘，一分收获。在新课标理念的引领下，在不断地实践、不断地探索中，把课堂教学与课外阅读的整合作为切入口，努力树立专题阅读教学观，在学生习得阅读方法后，以课文为中心，向课外的阅读材料辐射，从而达到以一篇带多篇，以精读带博读，达到不断开阔学生的视野，丰富语言积累的目的。

其三，数学史料的融入艺术。关注数学史与数学教育的关系，是目前国际数学教育的新思潮之一。翁小的王旭晓老师对数学史料融入课堂教学进行了探索，试图通过"你知道吗"让学生接触一些数学历史故事、名人、名题，感受数学文化的厚重与魅力，促进对数学知识的理解，领悟数学思想方法，在饶有兴趣的氛围中追求更加高效的教学活动。然而，怎样从教材提供的史料中展现数学教育的价值？在利用"史料"方面存在着哪些问题？如何构建切实可行的教学模式提高教学的有效性呢？王旭晓老师在开发数学史料课程中有其独到的体验与认识。

1. 丰富课程，促进师生提升与发展

(1) 有关"你知道吗"课程的编排

教材是以"你知道吗"这一阅读资料来展示有关数学史料，并且教材对于"数学史料"的编写绝大多数安排在某一课时的结束处。"你知道吗"在小学数学教材中共设置约50次，按其内容，可分为三大类：

数学史料：这类内容主要是讲述一些数学知识的产生和发展过程，古代劳动人民的数学思想以及他们解决问题的数学方法。

教材内容的延伸或补充：这类内容有一个共同的特点——它们通常是安排在新授课后，出示一个与新授知识密切相关的小知识，并通常在小知识的后面提出一个需要运用所学新知解决的问题。

涉及自然科学、环境保护和社会生活中的知识：这类内容主要是向学生讲述一些与数学相关的自然科学、环境保护和社会生活的小知识。

（2）数学课程拓展的需要

伴随着我国基础教育改革健康、有序、全面地推进，新课程一步步地普及到每所学校，走进了数以千万计的教室和课堂，作为一线的小学数学教师，如何在教学中体现小学数学课程的综合化拓展是十分重要、十分迫切的问题。"你知道吗"这一领域知识的增加，为学生感受数学与生活的密切联系提供了学习与实践的平台，使学生进一步感受到了数学的实用价值。

2. 构建模式，提高课堂创新与效率

数学史这方面的教学，非通常以具体数学知识的讲授为目标的课程所能替代，并且这方面的内容非常丰富，绝非一、两节课所能阐明。因此，在日常的教学中教师可以根据教学需要，适当地在教学过程中贯穿一些相关的数学史方面的内容，不仅可以提高学生的数学素养和学习兴趣，而且可以增强教学效果，使课堂更高效。

在"你知道吗"的内容中，作为常识性的介绍比比皆是。最大限度地发挥其效能，确保介绍内容与新授课紧密联系，将其渗透到教学内容之中是教学过程中我们解决"你知道吗"问题的一大亮点。通过在教学实践中的摸索，笔者整理了以下有针对性的教学模式：

（1）"见缝插针"式

结合教材内容，"见缝插针"，使数学史和谐地融入课堂教学。每一个教学分支、知识点都有它的起源、发展及关于数学家为之付出各种努力的一些轶事。老师可以仔细地分析教材内容和学生的心理特点，在适当的地方挑选一些相关的奇闻趣事，讲述其来源、发展，引起学生对这一知识点的了解和兴趣，也为新课程的展开作好准备。

（2）轻松阅读式

（3）创设情境式

(4) 实践活动式

……

通过这样开展一次次数学实践活动,让学生在课内与课外成为一个真正的发现者、研究者、探索者,实践起来,活动起来,收获更多。当然,还有很多其他教学模式有待我们不断去探索,去实践,如:题目改编式、问题罗列式等等。

课程就是要给予孩子以温暖的学习体验,就是要给予孩子以温暖的人生记忆。基于这样的认识,翁小的老师积极开发属于自己的适合孩子们的课程,并与孩子一道在课程中演绎生活,在生活中丰富课程,在成长中畅想诗情。就像翁小的 103 班王晨怡的家长吟唱的那样——

春暖花开

在这充满希望的季节

在这八年的童味教育中

编织着我们的梦

在绵绵的涟漪里

勾画着童年的遐想

那阳光下的翠绿

不是草

是一片生机

然后播种在大地上

孕育着希望般的梦

坚持您的方向

奋斗不息

遵循您的航向

将每一个孩子渡向幸福的港湾。

第五章 课堂趣童

　　教育就是要呵护儿童的天性，引领他们发展童趣，能够"张目对日，明察秋毫"，尽显儿童的稚气与天真，能够"见藐小之物，必细察其纹理"，尽享世界之妙。于是，哪怕一个小小的课堂，也是一片童趣盎然的天地。在这样的学校：童味，一如春风，吹开遍野小花；童味，一如绿荫，舒缓满身疲惫；童味，一如暖流，淌甜一生记忆。

童味,人世间最纯的真情
童味,心灵门最需的钥匙
童味,人之间最暖的沟通

童味,一如春风,吹开遍野小花
童味,一如绿荫,舒缓满身疲惫
童味,一如暖流,淌甜一生记忆

童味在哪里,就在阳光里
童味在哪里,就在雨露里
童味在哪里,就在翁垟里

第一节　课堂：儿童立场

天真烂漫是儿童的天性。他们视觉敏锐，喜欢细致地观察事物，常有意想不到的乐趣；他们想象丰富，喜欢尽情地驰骋大脑，常有令人惊奇的趣想；他们感知灵敏，喜欢不疲地探究世界。教育就是要呵护儿童的天性，引领他们发展童趣，能够"张目对日，明察秋毫"，尽显儿童的稚气与天真，能够"见藐小之物，必细察其纹理"，尽享收获万千世界的美妙。于是，哪怕只是一个小小的课堂，也会是一片童趣盎然的天地。

一、让儿童享受学习乐趣

儿童立场课堂范式的建构，从理论维度讲，儿童立场课堂以关爱童心、感受童真、欣赏童趣的方式展开教与学的活动，具有童趣化、童法化、童智化的特征；在其实践路径上，我们应基于儿童立场，树立课堂是儿童演绎童趣的磁场的观念，在学习方法的延展上以儿童乐于接受且能够运用的程度进行，在学习结果的展现上以儿童的智慧生成为标志，让他们在弥漫着童味的课堂天地里享受学习的乐趣。

（一）为儿童，发挥课堂价值

教学为了谁？教学是依靠谁来展开和进行的？教学又是从哪里出发的？这是教学立场应有的三条基准线。在我们看来，教学是为了儿童，教学是依靠儿童来展开和进行的,教学应从儿童出发,这就是教学的立场。因此,教学的立场应是儿童的立场,儿童的立场鲜明地揭示了教学的根本命题,直抵教育的主旨。站在儿童的立场教学,需要我们教育者有一颗儿童的心,随时听取儿童对自身成长的需要和愿望。孩子需要什么,我们能给予什么,这才是我们教育者应有的情怀,也是课堂展现其教学价值之所在。

我们坚守儿童立场的课堂,就是坚信师生欢悦、发展灵性、光芒四射、体验幸福的课堂价值。

其一,儿童立场的课堂:师生欢悦的课堂。课堂与儿童,是小学教育经久不变的关注,三尺讲台,因师爱而美好,一方天地,因生命成长而灵动。新一轮课改,把舞台的展示和创造还给了儿童,课堂成为师生开发潜能、发展个性、实现创造和创新的空间。作为教师,要卸下沉重的包袱,抖擞精神,真正让学生"动"起来,"活"起来,"乐"起来,"美"起来。把阳光引进课堂,用智慧呼唤童心,让孩子的心灵自由飞翔,让师生探究新知的学习热情在课堂中得以释放,让课堂成为儿童"梦"的故园!

其二,儿童立场的课堂:发展灵性的课堂。蒙台梭利说过:"我们只有在儿童身上才能领悟到大自然的雄伟。"因为,儿童比成人更多地保留着人类的天性。这种人类的天性也就是灵性。正如一位学者所言,在儿童身上聚集着人类精神的本质:儿童的执着,表现的是人类求真的实验精神;儿童的烂漫,体现的是人类求美的艺术精神;儿童的率真,反映的是人类求善的道德精神。教育的主阵地——课堂教学,在培养学生的探索精神,发展学生能力的同时,必须充分关爱孩子的生命活动,追求"灵性"的教育,实施"性由天成,促其发展"的教学策略。

其三,儿童立场的课堂:光芒四射的课堂。夸美纽斯指出"课堂应当是快乐的场所"。师生和谐、合作共享的课堂是富有活力、充满智慧和动态生成的课堂,是师生热情投入的课堂。在这样的课堂上,儿童自由表达和展示,师生相互交融,相互接纳。每个儿童原本都是一颗珍珠,他们有着不同的形态,我们要让他们散发出各自生命中不同的光芒。在课堂教学中,我们应努力把学生看作是活生生的生命体,让学生成为课堂学习和发展的主人,使课堂真正成为学生的精神家园、学习乐园。

其四,儿童立场的课堂:体验幸福的课堂。儿童期幸福感的程度,对人一生的发展都有着深远的影响。每一个生命的成长都离不开课堂的熏陶感染,儿童在课堂中,相互之间的交流、合作,形成鲜活的经历,影响着每个个体的发展意义。教师和学生之间用独特而鲜活的体验,共同构成课堂的生命。师生之间的活动是建立在对人的身心健康、和谐人格等方面所付出的共同追求上的,课堂成为培养并形成一种生活得更好的能力的载体。反观当前的教育现实,我们需要思考,儿童的幸福哪里去了?儿童的幸福从哪里来?我们可以想象,在坚守儿童立场的课堂中,师生的体验是愉快的、灵动的,富有生命意义的,师生之间可以幸福地存在于课堂之中,体验到课堂生活的幸福,享受到幸福的课堂生活。

(二) 为儿童,吸纳课堂经验

为儿童,如何创造属于儿童的课堂,如何引领儿童享受童趣盎然的课堂生活?我们可以从课堂改革的经验中汲取营养,通过学习教学模式和教研模式的创建,来实现基于儿童立场的课堂价值。

其一,创建教学模式,让课堂教学迈上高效之路。美国乔伊斯和韦尔合著的《教学模式》,是最早最系统研究教学模式的专著。书中精选22种教学理论、学派计划,并从上百种教学模式中选出25种,按其功能和方法论基础区分为信息处理、人格发展、人际关系和行为控制四类。每种模式按教学情景描述、理论导向、主要教学活动、教学原则、辅助系统、教学和教养效果、应用与建议等七个部分加以介绍。苏联巴班斯基则按照不同教学形式与方法的结合,提出"讲解—再现型、程序教学型、问题教学型、再现探究型"等。我国学者则按师生活动的性质和特点亦作了多种分类。

什么是教学模式?所谓教学模式,就是反映特定教学理论逻辑轮廓,为实现某种教学任务的相对稳定而具体的教学活动结构,或者说,教学模式是在一定教学思想或教学理论指导下建立起来的较为稳定的教学活动结构框架和活动程序。

从功能看,教学模式具有两大功能:中介功能和方法论功能。对于各学科教学,教学模式能够提供一定的理论依据的模式化教学法体系,使教师能够摆脱仅以教学经验进行教学的实践探索,教学模式的这种为教学理论与教学实践搭建桥梁的功能,即是教学模式的中介作用。也就是说,教学模式源于教学实践又服务于教学实践,并以具有理论支撑的教学结构和框架,使教师迈步在以理论支撑的教学实践之中,演绎依托一定教学理论指导教学实践的教学生活。在方法论意义上,教学模式能够指导教师从整体上把握教学过程,明晰教学过程各要素之间的多样化表现形态,并能够动态生成地调控教学过程,使整个教学遵循一定的规律进行。

从特征看,教学模式具有思想性、假设性、近似性、操作性和整合性等特征。其思想性体现为教学模式需要一定的教学思想或教学理论来支撑,它反映的是教学模式建构者对教学的理解与认识,蕴含的是教学模式建构者的教学主张。其假设性体现为教学模式是基于一定的教学原理进行结构化的操作假设,它以一定的结构框架呈现教学有效的可能操作。其近似性体现为教学模式与实际教学近乎一致,实际教学主要以教学模式的结构框架演绎教学过程。其操作性体现为教学模式的结构框架的构件是教学实际操作的要素,教学的运作依据教学模式的结构框架进行。其整合性体现为教学模式将教师的教与学生的学融为一体,教学各要素相应的融入整个教学结构框架之中。

其二,推进校本教研,让教学智慧获得不断提升。如何通过校本教研来提升教学智慧,及实现教学理论的实践需求,也是教学实践的理论追求,更是一所学校打造优质课堂提升教师素养的诉求。

每一种教学理论,其构建的意义都需要教学实践来检验,并通过充满智慧的教学实践来获得发展。在教学实践中,教师一旦拥有且不断生成教学智慧,就能够将好的教学理论验证并发展于实践之中。

每一次教学实践过程,都是教师综合表现其教学理论与方法策略的过程,也是教师体现其教学水平与教学智慧的过程。如果教师期望自己的教学实践越来越有质量,就需要以好的教学理论与有效的教学方法策略为支撑。而教学理论及方法策略是否能够指导教学实践,还需要通过教师的教学实践来验证,需要通过教师不断提升教学智慧进而有能力运用教学理论。教师在教学实践中所提升的教学智慧,主要承载于其相对稳定的教学模式及教学风格之中。

对于学校领域中的教师来说,校本教研是他们提升教学智慧的有效平台。通过校本教研的有效操作,学校能够促使教师研究教学,研究如何依托有效的教学模式来实现有效的教学。在这种既聚焦于教学设计,又聚焦于教学过程,还聚焦于教学反思的一体化校本教研中,教师的教学智慧能够得以不断提升。

二、为儿童追求趣生课堂

童味弥漫、童趣盎然、童乐满堂是儿童立场的课堂样态。儿童立场的课堂,呈现的是童味弥漫的样态,其动态生成以儿童的认知规律、学习规律为主线,以儿童经由鲜活的学习而发生实质的学识增长为追求。儿童立场的课堂,呈现的是童趣盎然的样态,其教学过程中充满着教师大儿童的心怀和学生小儿童的情趣,洋溢着令人惊叹的想象力和令人着迷的探究力。儿童立场的课堂,呈现的是童乐满堂的样态,其可持续价值反映在师生和谐亲近与热切互助的关系上,反映在教师教学领导力的持续提升和学生学习力的持续提升上。

(一) 为儿童,建构课堂模式

基于儿童立场,翁小以快乐教学法与有效教学的互构,追求课堂洋溢童趣,追求课堂焕发生命活力:通过精准地设计课堂教学目标,精心地采用简约而有效的教学方法,精确地设计分层练习与体验,使学生在轻松的课堂中学习语文,从而达到课堂教学的最高效率。其具体操作如下:

其一,童趣课堂,180度旋转。我们提出了"童趣课堂"的L-O-V-E教学法:L——Lighten激发兴趣,O——Objetct:目标设定,V——Variety:多样化教学,E——Exercise:练习体验。这就形成了"童趣课堂"的四个支点,这四个支点撑起了四个面,相互融合,不可分割,形成了一个操作体系。

其二,童趣课堂,激趣45招。我们结合LOVE教学法,将其教学要素延展于课堂教学的各个环节,如导入方式、问题设计、探究活动、作业布置等环节中,并通过研讨激趣教学法,摸索出一套行之有效的课堂激趣法,并编辑成册,形成了《童趣课堂激趣45招》。

其三,"L-O-V-E"教学法,让课堂更有效。在运用"L-O-V-E"教学法的课堂中,我们激发学生的学习兴趣,调动学生的积极性和主动性,精准地设计课堂教学目标,精心地采用简约而有效的教学方法,精确地设计分层练习与体验,使学生在轻松的课堂中学习知识,从而达到课堂教学的最高效率。

其四,多元评价,360度看孩子。我们强调以学生在课堂教学中呈现的状态为参照来评价课堂教学质量,提倡"以学论教",从360度看孩子。我们主要从学生的情绪状态、注意状态、参与状态、交往状态、思维状态、生成状态六个方面进行评价。另外,在评价时,采取不同的评价方法。

课堂教学必须让孩子们感受到童趣,这是"童趣课堂"的主阵地。我们通过"L-O-V-E"教学,激趣45招,多元评价的研究,让我们的教学更有效:课堂上,教师能定重点、盯难点、盯核心的知识,让知识生动起来,让目标活跃起来,让目标有强烈的表现欲。我们能关注每一位学生、每一个细节,及时有效地进行评价、反馈。学生能主动地参与课堂教学,在课堂上有充分展示的舞台,有获得成功的喜悦,有积极探索的欲望,课堂教学变得高效。

(二) 为儿童,明晰课堂路向

课堂教学应看作师生人生中一段重要的生命经历,教师的教学应建立在对儿童心灵世界的深刻了解和赏识之上,课堂教学充满灵感、充满激情,使得儿童的生命活力在课堂上得以焕发。为儿童,我们坚守童趣弥漫的课堂追求,并通过开展相应的课题研究,深入推进"童趣"课堂的实践探索,让"童趣"课堂的发展路向越来越明晰。

——申报"童趣课堂"的构建研究之课题,形成"童趣课堂"的操作体系并有一定的案例。

——由校长牵头,成立快乐教学经验研究小组,负责研究和协调相关课题。研究小组可采用听课评课的办法,全程跟踪教师的课堂教学,对教师提升教学质量的一些有效做法进行调研。

——加强理论培训与学习,采用专家讲座、圆桌研讨、现场指导等方式,深度理解"我的教学为什么让学生学习快乐并且是有效的?如何让我们的教学更具吸引力、更有效?"等问题。

——借助快乐教学研究的核心经验框架,梳理学校的系列做法,提炼快乐教学经验,在若干学科、教师中进行教学实验。

——校内推广快乐教学经验,全面提升教学质量;与媒体适度合作,扩大经验的传播面和影响力。

——用课题的方式深入研究实验班的教学特点。研究如何只用二分之一、三分之一的时间教授学习内容,如何调整教学的难度,如何在少布置作业甚至不布置作业的情况下达到教学的基本要求,提炼"童趣课堂"教师的快乐教学经验。

第二节 课堂:童味自来

三尺讲台,一心育人;一堂好课,多样美人。学趣盎然是课堂的燃点,趣学勃发是课堂的采点。童心教师把阳光洒满课堂,用童心激扬童趣,让每一堂课都洋溢着盎然的学趣,让每一个孩子都生机蓬勃地趣学。于是,在童味自来的课堂里,孩子们"动"起来了,"活"起来了,"乐"起来了,"美"起来了。

一、与儿童一起同欢共乐

课堂是教师"习武练术"的天地,一辈子教书育人,一辈子"鼓捣"课堂,每一节课都希望能够创造与学生同欢共乐的情境。自践行"童味教育"以来,翁小的教师就埋头苦干于教育教学实践之中,就呕心沥血于"童趣课堂"的教学改进之中。功夫不负有心人,翁小的课堂已是那么的有趣有味有颜值。

(一)为儿童,创建教学模式

童心,一颗本真的赤子之心,珍视人世间一切的美好;童趣,一种天真的赤字之魅,探究人世间一切的惊奇。翁小的教师扎根于教学实践,用最美的童心,去研究课堂,致力于让每一个孩子在课堂天地里驰骋思想、张扬智慧,释放童趣。

在陈金微老师看来,童心语文课堂是流动着诗意的情感的课堂,是顺应孩童的天性和心灵需求,鼓励他们表达出真情实感的人性化课堂。在课堂上,学生可以畅所欲言,无拘无束。教师饱含激情投入教学,用鲜活的教学机智和方法创造课堂,引领学生深入文本的意境,使学生仿佛亲眼所见、亲身所历,仿佛言出己口、情出己心,通过自己的体悟,深入认识作品的思想底蕴和美学价值。

于是,陈金微老师创建了"入境——体验——感悟——创新"阅读教学模式:教师通过创设生动的教学情境,进行开放性的引导,让学生主体参与教学全过程,张扬个性,激发创造,使在场的每一颗童心都飞扬起来。其教学结构包括五个阶段:情境导入,激发兴趣——情境体验,感知文本——角色体验,探究文本——生活体验,感悟文本——活动体验,创新文本。

阶段一:情境导入,激发兴趣。学生的活动离不开具体的情境,都是在相应的情境中展开的。情境对学生的活动具有推动、暗示、移情作用,能使学生活动达到最佳状态。因此,在这一阶段,教师要结合课文,精心设计活动情境,带领学生入情入境,让学生对课文及活动产生浓厚的兴趣,以兴趣为动力,促进活动的顺利开展,为学生的自主活动奠定基础。

阶段二:情境体验,感知文本。教师创设模拟文本情境,让学生在情境体验中感受生活、建立鲜明的文本形象,然后带领学生整体回顾课文内容,感知文本,调动学生的学习兴趣,使他们急切地想走进文本,以获得更强烈的文本体验,营造一种"风乍起,吹皱一池春水"的教学氛围。

阶段三:角色体验,探究文本。教师借助课文的情境,让学生将文本演一演(学生认真地自主研读、探究课文,不但要找出可演的内容,而且还要研究怎样演,为什么这样演,使他们体验、理解课文)。在汇报的过程中,重点是通过联系生活实际、联系课文内容,唤起学生的角色体验进行教学,在此过程中,学生的主体作用得到充分发挥,学生在身临其境的表演中,语言文字得以内化,思想得到升华。《小学语文课程标准》所倡导的"尊重学生独特体验"的语文教学理念得到极好的体现。这样的过程,是学生理解、感受文本的过程,更是运用语言的过程,语文能力的培养落到了实处。

阶段四:生活体验,感悟文本。教师在学生潜心学文基础上,唤醒学生生活体验,引导深入体悟、欣赏课文。

阶段五:活动体验,创新文本。《标准》指出:"阅读是学生的个性化行为。"这句话揭示了学生阅读活动的本质。学生由于各自的生活阅历、知识储备和家庭背景的不同,其看问题的角度、眼光也会有所不同,呈现出不同的个性。教师要珍视学生独特的感受、体验和理解。因此,教师鼓励学生将自己的见解写出来,既尊重了学生的感受,又将写的训练"挤"进了课堂,能有效地提高学生的语文素养。

"入境—体验—感悟—创新"阅读教学模式示例:《绝招》

(一)激情导入,创设情境

师创设情境:你们喜欢魔术吗?今天老师给大家带来一段魔术表演。(看刘谦的魔术)

你认识他吗?他是我国大名鼎鼎的魔术师刘谦。你觉得他的魔术怎样?小朋友们,变魔术可是刘谦的绝招。今天我们就来学习一篇《绝招》的课文。

师板书课题:《绝招》生齐读。

(二)整体感知,带入情境

1. 读准生字词。

2. 了解课文大意。

(三)角色体验,探究文本

1. 交流绝招。

2. 演练绝招。

师:刚才,我们交流了三胖、二福、小柱子的绝招,让我们再来看看他们的绝招吧。

课件出示三个绝招:

重点交流小柱子的绝招:

轮到小柱子了,他蹲在炕上,说:"只要你们说出两个不过百的数,让我做乘法,我能立刻说出得数,保准不错!"

三胖早把嘴撇到下巴颏了。二福推推三胖,说:"试试嘛。"他随口说道:"99乘以,嗯——76!"小柱子脱口而出:"得7524!"

师:这么多绝招中,你最喜欢谁的绝招,就好好地练练,你可以加上动作,看谁能把他的绝招练好。

生演练绝招。

3. 师生合作读6—11自然段。

(四)生活体验,感悟文本

1. 走进小柱子练绝招

出示句子:日子一天天过去了,小柱子始终没有忘记在大树下的尴尬,暗暗在练自己的绝招。

(1)研读句子。

(2)想象练笔:

(出示小柱子练口算的图片)

下课了,小朋友们都出去玩了,唯独小柱子——

2. 感悟

你佩服小柱子的绝招吗?仅仅佩服他的绝招吗?你更佩服小柱子的什么?

(五)活动体验,创新文本

在下次比赛中,二福、三胖、小柱子又练了什么绝招呢?请大家展开你的想象,在课后动笔写一写。

在数学教学过程中,我们要努力培养出真正懂数学的人,真正有着数学思想,拥有数学智慧的人。我们在处理每一个知识点时,都要有意识地渗透后续的学习内容,让学生感受到数学的丰富多彩,数学整体的美与智慧。据此,翁小的陈芳老师提出"美智数学"的教学主张,并指出其教学活动必须建立在学生的认知发展水平和已有的知识经验基础之上,即数学教学活动要以学生的发展为本。数学的美来自于数学与生活的紧密相连,智慧的形成过程是一个经验激活、利用、调整、积累、提升的学习过程。学生在生活中有意或无意间所接触、所感受的数学事实,无不是他们数学学习的基础和重要资源,并深刻地影响着其数学学习的质量和水平。而这种基于"经验之上"的数学学习,很大程度上要依靠有效的情境来激活、展开。从而形成"美智数学"的教学模式:探究—操作—推理—应用。

如人教版四年级下册"数学广角:植树问题"是课改后新增设的内容,主要是向学生渗透一些数学思想方法。部分老师认为,此部分相对于一般的学生而言显得抽象,比较难理解。但果真很难吗?对于四年级的学生而言,抽象思维正在慢慢地形成,在教学中,借助一些直观美的操作方式,用数形结合的方法,为学生搭建自由探究的平台,给学生充足的探究时间,让学生根据生活经验自由探究,合作操作,发现并推理归纳出模型,强调学生的动手操作和主动参与,通过丰富多彩的集体讨论、小组活动,以合作学习促自主探究。

以下的教学活动,充分把准"植树问题"的难度要求,从生活情境导入,通过"操作—推理—应用"的学习过程,让学生在相互交流、启发、提升中获得对植树问题模型的建立,并运用模型解决生活问题的能力。教学环节符合学生的特点,学生思路流畅,兴趣盎然。这体现了"美智数学"的核心观点。

通过直观画图的方式使学生理解植树问题中棵数与间隔数的关系,但如果仅限于此,或因此就认为学生的植树模型建立了的话,那学生对植树问题的理解与模型的建立就只停留在"植树"上了。如何让学生在直观操作中抽象出数学模型?这就要给学生充分的时间与空间,进行操作与交流,从而不仅能发现其中的规律,而且更能理解为什么会有这样的规律。只有经历了这样的一个过程,学生才能比较轻松的由两端都栽时"棵数=间隔数+1"直接推导出只栽一端和两端都不栽时棵数与间隔数之间的关系。学生在提升思维的同时更能培养他们的推理归纳能力,并且使看似很难的植树问题变得简洁明了,易于理解,从而达到智慧的提升。

练习时,既巩固了本课学习的重点,又能使学生了解生活中有关点与线之间的关系,所以用植树问题的模型可以达到举一反三的效果。总之,"美智数学"的最终目的是为了把课堂上获取的知识与体验运用于实际生活中,具有指导与实践作用,所以课堂上要让学生多活动、多训练、多感悟。

美智数学"操作—推理—应用"教学模式之简案

(一)操作

1. 直观之美,开启智慧

利用多媒体课件营造一种从现实情境中抽象出来的直观的美,如在《植树问题》

中,创设情境时,用课件简洁明了地出示在一条长20米的小路上种树,每隔5米种一棵,一共需要准备多少棵树苗,把学生引入情境的同时,更能引发学生解决问题的兴趣,激发学生学习的积极性,从而达到开启学生的智慧的目的。

符号表示是人类文明发展的重要标志之一,数学更有其符号美。英国著名数学家罗素说过:数学就是符号加逻辑。通过动手探究用画图的方式来解决问题。

师:请同学们把想法画出来,小组交流种法,学生汇报。

师:首先研究两端都栽的情况。

课件演示过程:

此时,是学生学习本课的初步阶段,借助图形之美来帮助解决问题。

2. 通过对比,引发思考

课件出示:在全长2000米的小路一边种树(两端都栽),每隔5米种一棵,一共需要多少棵树苗?

从全长20米过渡到全长2000米,在强烈数字的对比下展开激烈的讨论。使学生根据20米所画的图为基础,利用知识间的联系与迁移来解决2000米路上所需要的树的棵数。并质疑:能不能用画一画的求法来求棵数呢?这样就使学生产生建构知识模型的必要性。

3. 小组合作,发现规律

4. 全班交流,建立模型

(1)建立两端都栽模型

师:现在请各小组汇报自己组的结果。要求:说清楚理由。

追问:为什么要+1呢?怎么就多了1呢?

(引导学生用一一对应的方法来解释)

课件演示过程。

小结:棵数=间隔数+1(板书)

方法归纳:

(二)推理

我们发现当两端都栽时,棵数=间隔数+1;你能想到什么?把发现通过小组讨论、推理,总结出规律。

小结并板书：只栽一端：棵数＝间隔数；两端都不栽：棵数＝间隔数－1

把这三种不同的植树要求建立了联系，利用已知的结论进行了推想与迁移，数学一直体现一种前所未有的探索精神和创新精神，在探索创新中蕴藏累积新的智慧。不仅解决了问题，也渗透了学习数学的思想方法。数学给了人类美的智慧、真的智慧、创造探索的智慧。现代人需要数学式思维，更需要数学的智慧。

（三）应用

1. 举生活中类似的植树问题

2. 判断

（1）在全长60米的小路一边种树，每隔3米种一棵（两端都栽），一共要种20棵树。（　　）

（2）有一条100米长的石子路，在石子路的一侧每隔2米栽1棵树（只栽一端），需要准备50棵树。（　　）

（3）在相距60米的两楼之间栽树，每3米栽一棵，共栽20棵。（　　）

3. 解决生活中的植树问题

（1）（街道上）在一条全长2000米的街道两旁安装路灯（两端也安装），每隔50米安一座。一共需要安装多少座路灯？

（2）（锯木头）一根木头长10米，要把它平均分成5段。每锯下一段需要8分钟，锯完一共要花多少分钟？

（3）（楼梯上）小明上楼，从一楼到二楼走20级楼梯，从一楼到六楼共要走多少级楼梯？

（4）（排队伍）402班有（　　）人。如果把这么多同学排成一列，每相邻两个同学之间的距离为1米，这一列队伍有多长？

如果把这么多同学围成一个圈，每相邻两个同学之间的距离为1米，这个圈有多长？

（二）为儿童，打开课堂大门

关起门来上课，只唯书本学习，还是打开大门上课，走出书本学习，是不同境界的课堂,是不同效应的学习。翁小的"童趣课堂"既能够引领学生在课堂中学得兴致盎然,也能够引领学生在书海里游得满面春风,更能够引领学生走出书本,走向社区,走向社会,在广阔的生活世界中遨游。

其一,把家乡放进数学。翁小地处浙江乐清,堪称中国民间文艺之乡,而翁垟街道更被誉为"东海文化明珠",其特有的风土人情滋养着这方百姓。翁垟街道的地域特色、自然景观、文物古迹、地名沿革、历史变迁、社会发展以及民间艺术、民俗风情、名人轶事、语言文化,无论是自然地理资源、人文历史资源,还是社会发展资源,甚至翁小环境、师资状况、影响家庭因素等都是宝贵的教育资源。为此,学校立足于孩子的自身发展,探索校本主题活动实施,并不断拓展延伸,让社区成为孩子们广阔的学习空间。

利用翁垟这一身边的雄厚的"活"资源,翁小从儿童兴趣出发,从孩子生活的天地出发,从儿童身边关心的话题说开去,生成《我们的家——翁垟》这一主题活动,让孩子走进翁垟,了解翁垟,畅想翁垟美好的未来,让儿童从学校教育走向生活,让孩子的所好、所见、所闻、所知、所做、所思在生活这个大舞台上得到共鸣、拓展与延伸,让爱家乡、爱祖国的美好情感在孩子心中渐渐绽开涟漪,让儿童在生活教育中孕育开花!

于是,翁小的陈旭东老师将翁垟的乡土资源整合于自己的数学课堂之中,让学生学习数学的过程成为一个生活化的、趣味性的和综合性的过程。

1. 凸显"本土"意味,组织人文化的数学内容。

在教学《方块统计图》时,为做到有效接轨学生的本土生活、有效激活学生的已有经验、有效激发学生的探索兴趣,我与学生一起回顾本课的相关内容。(课件出示:第一个教学环节走进多美丽:从哪种多美丽食品多入手,由学生自主探索统计图,体会统计图的必要性,并随即进行合理饮食教育。)

第二个教学环节美丽的家乡——乐清:

——学生自由点播观看乐清的各景点影片。

——创设问题:去哪一个景点秋游?意见不统一怎么办?

——荐"网上投票"的方式进行调查。借助校园网进行网上投票来决定这次秋游去乐清的哪一个景点玩?

——根据投票规则、选择、点击提交。并随时查看最新投票结果。

——绘制统计图。

这两个环节开发利用了多美丽食品、秋游投票的这些载体作为课程资源,引导学生进行方块统计图的学习,凸显"本土"意味,组织人文化的数学内容,从而引领学生实现真正意义上的"自主建构",从而培养学生的实践能力。

2. 强调"体验"内涵,设计乡土化、人文化的学习方式。

(例如:练习设计:自主智力大冲浪。)

让学生体会到,生活中,还有许多的事物可以进行统计。

请同学们走进"智力大冲浪"选择你喜欢的内容、统计、制图。(智力大冲浪内容是由学生课前开发收集的,老师帮助进行知识整合,并对学习资源进行补充式开发、利用)

智力大冲浪包含以下内容:

——长度统计:测量自己5个手指的长度绘制方块统计图。(贴近自我)

——计算统计:先计算出得数,再制图。(得数大于30,得数等于30,得数小于30)

——立体图形统计:数一数各种图形有几个,再制图。

——线段统计:各有几条线段,绘制方块统计图。

——元、角、分统计:各有多少枚?总共多少钱?买一本5元钱字典够吗?你有这些钱,打算做什么?(人文化的理财指点)

——上周天气情况统计、制图

——北京奥运会中国"金、银、铜"牌(爱国主义教育)

随后,展示交流学生作品、随机进行人文教育。

这一环节由学生借助课前开发的本土化课程资源"智力大冲浪",自主选择学习内容,统计绘图,充分体现了学生自主学习的能力,有意识培养了学生互相交流的习惯、并潜移默化地进行人格塑造,充分体现了乡土化、人文化的学习方式。

其二,把数学立起来。在我们周围,有一些害怕学数学的孩子,究其根本原因,是没有掌握基本的数学学习方法,碰到问题常常束手无策,不知道从哪里开始思考,在被打击n次后，变得消极、反应迟钝、焦虑，有的甚至就此放弃。"积极心理学"之父马丁·塞利格曼称之为"习得性无助"，他认为人很容易成为思维和习惯的囚徒。如何帮助孩子们习得摆脱这种困境的方法？数形结合的思想是根除这种"无助"感的非常有用的思维方式之一。如果每一节数学课中，教师都能想办法让孩子们体验到数形结合的思想，由数及形、因形寻数，找到攀登的脚手架，形成立体化数学。

立体数学教育思想实质是数学学习与生活密切相关，学生通过已熟悉的生活学习数学，学习内容也与生活密切联系。数学教育与数学"再发现"紧密相连，教师的教学不是课堂灌输现成数学结果，而是引导学生自己发现和得出数学的这些结果。新课程的一个重要理念就是为学生提供"做"数学的机会，让学生在学习探索的过程中领会到数学与大自然及人类社会的密切联系，体会到数学的价值，学会运用数学的思维方式去解决日常生活中的问题，增进对数学的体验和理解以及应用数学的信心，进而形成勇于探索、勇于创新的科学精神。这同时也就要求教师要尽量做到让学生在现实情境和已有知识经验中体验和理解数学，选取学生比较熟悉的生活化内容作为学习数学的教材。

由此，翁小的叶丽丹老师提出"立体数学"的教学主张，并在实践中探索出相应的操作要略。她认为，为学生提供"做"数学的机会，让学生领会数学与大千世界的紧密相依，立体化的教学策略是一条可行之路。所谓立体化，它主要包含三个层面。一是相同领域数学知识的融合，二是不同领域知识的融合，三是数学知识与思想方法的融合。实践表明，以问题为主线，带领学生进行立体化的主动建构后，学生形成了简约的认知结构，深化了思想方法的感悟，同时思维的深刻性与灵活性也日见提高。

1."立体数学"的实现策略：与生活的联系，让数学立体化

数学家弗赖登塔尔曾经说过："数学是现实的，学生从现实生活中学习数学，再把学到的数学应用到现实中去。"由此可见，学生学习数学的基础是生活经验，因此，教学中要充分贯彻联系生活和数学应用的思想，让学生具有实践活动的机会，有运用数学知识解决实际生活问题的机会，有对数学内部的规律和原理进行探索研究的机会。让

学生用数学的眼光看待立体生活,结合生活实际学习数学。如在学习"接近整百整十数加减法的简便算法"中,有这样一题:128－96＝128－100＋4,学生对减100时要加上4,难以理解,就让学生联系生活实际,互相讨论:为什么要加上4呢?一位学生通过"买东西找零钱"的生活实际展开了联想:妈妈带了128元钱去商店买了一个96元的布娃娃,准备送给我。妈妈付给营业员一张面额百元的钞票后,口袋里还剩:128元－100元,这时营业员找回4元,口袋里就应加上4元:128元－100元＋4元。所以,多减去的4应该加上。这样的"生活教学"例子,通过生活经验验证了抽象的运算,而具体的经验更提炼上升为理论(简便运算的方法),在通过学生的亲身参与讨论后,会理解得更透彻!

事实上,许多抽象、枯燥的数学知识在立体生活中有着非常生动、有趣的"原型"。我们可以让学生从已有的知识水平出发,从这些"原形"出发去体验、探索教学规律。如教学"同分子分数大小的比较"时,设计这样一个生活情境:星期天,小明过生日,爸爸妈妈给他买了一个大蛋糕。小明想:每个人都能吃块蛋糕的。随后爷爷奶奶还有4个同学也相继来庆贺小明的生日。请你想一想,随着人数的增加,平均每人吃到的蛋糕大小怎样变化?当学生用"＞"来表示它们的关系时,其中的规律已显而易见。

如角的概念,在以往的教学中,有不少的教师做法是:先在黑板上出示几个不同的角,问学生这些叫什么?学生答:"角",然后出示角的概念,让学生背诵。接着安排一些判断题让学生练习。这种教学看似较为简洁,几分钟后学生就能背诵出角的概念,但这个概念的产生却脱离学生的认识规律。学生记住的仅仅是一段数学术语,而无具体形象事物的支撑,如果长此以往,学生头脑中堆砌的只能是一个孤立的概念。如果我们换一种方法:教师先询问:"你们见过角吗?"然后让学生动手摸摸书本、三角尺等各种物体中的角,接着问"角是否与颜色有关?"、"是否与材料有关?"、"那么,什么叫角呢?"、"请小朋友根据你手上的实物形状,画一个角"在学生画角的基础上,再请学生摸摸书本、三角尺等实物角的顶点、边长,最后,概括出角的概念。在此基础上,再让学生说说平时生活中所看见的各种各样的角,从而进一步理解角的概念。

布鲁纳说过,探索是数学的生命线,没有探索,便没有数学的发展。因此,我们应充分利用教材资源,在学生探究的过程中着重引导学生亲历将实际事物或现象抽象成数学模型,从而建构数学的思维模式,并在解释与应用的过程中,认可学生的主体地位,尊重学生生命,关注学生的生存态度、情感态度和行为,关注学生的生长、发展、变化过程,使学生完善自我。对低年级学生来说,数学是抽象的,但生活实物则是形象的。如果学生能在生活中找到数学图像,沟通了数学与生活的联系,抽象的数学理论就会变得生动起来,从而激发出学生对数学的意识,培养出学生的"数感",进而形成自己独特的思维模式,发展"个性"。

2."立体数学"的实现策略:与情境结合,让数学立体化

创设数学的情境,主要是指情境中的背景素材应来源于学生的现实,这里的"现实",既可以是学生在自己的生活中能够看到的、听到的、感受到的,即学生的生活经验,也可以是他们在数学或其他学科学习过程中能够思考或操作的,属于思维层面的立体化。

"成功的教学所需要的不是灌注,而是要让学生轻松、愉快、有效地学习,其关键是激发学生的兴趣。"而儿童具有强烈的表演欲望,希望自己是一个发现者、探索者、研究者。因此,让学生模拟教学中的内容,可以优化教学过程。在教学"小数除法"时,可以这样设计:筹备"春季运动会"的情景,让学生根据运动员的成绩和奖品的价格来决定派谁去比赛、怎样颁奖?学生在讨论后计算时发现"被除数是小数"这一问题,使学生自觉地和教师一起进入探究的思维佳境,主动领悟基本知识及其蕴涵的数学思想、方法。

再如教学"万以内数",教师在课前布置学生收集生活中经常看得见,用得着的数,并对生活中简单数据的收集、分析有所体验的任务。这样学生在课堂上就能够有条理地描述个人整理后的数据和简述这些数据的作用。譬如,有的学生说:"急救电话号码是120,火警电话号码是119,匪警电话号码是110,交通事故电话号码是122,还有一个114电话号码查询服务台。"有的学生说"我家的门牌号码是302"。有的学生说"我们所住的生活小区,商店不多,数一数有8间小卖部、1家小超市、1间文具店,还有1间面包坊。我和妈妈去调查,面包坊的生意最好。"而有的学生却懂得汇报家里的部分开支:"我家8月份的水电费是282元,电话费是552元,因常上网导致电话费太高了,要节省。"……课外让学生主动地去搜集整理生活中的数学信息,课内汇报,久而久之能培养学生学习数学的主动性和积极性。教师应引导学生走出教科书、走出课堂、走出学校,到广阔的社会生活中去开发一切可用的资源,体验学数学的无穷乐趣。

立体的生活材料能激发学生研究问题的兴趣,产生亲切感,认识到立体生活中隐藏着丰富的数学问题,要学好数学,应更多地关注社会,对各种生活现象提出数学问题,成为有数学头脑的人。数学教师作为"数学学习的组织者、引导者和合作者"。更应在教学实践中注重创设切合学生实际的教学情景,积极鼓励学生根据自己的数学立体理解情境,发现数学,引导学生把立体问题数学化,把数学知识生活化,培养学生运用数学解决实际问题的能力。

　　3."立体数学"的实现策略：与数形关联,让数学立体化

　　在课堂教学中,教师运用数形结合思想的领域常见于数的概念、数的计算及数量（关系）的问题解决中。通常情况下以代数为出发点,通过各种形式揭示隐含在它内部的几何背景,启发学生的思维,找到解题的途径。但是,这并不是数形结合思想的全貌,在解决几何问题时同样要用到数形结合,即以几何为出发点,将直观的图形与抽象的数学语言结合起来,将形象思维和抽象思维结合起来,实现具体形象、表象与抽象概念的联系和转化,化直观为抽象,通过数量关系的研究来解决问题。可以想象,当学生的思维能够自觉并且自由地穿梭在数与形之间,那将是一个多么美妙的教与学的境界。在教学"小数的意义"一课中,学生初步掌握了一位小数的意义,转而学习两位小数的意义时,我设计了这样一个情境：

　　学生能自动把两个分数转化为小数0.01和0.99,如果让学生就此对两个小数进行意义上的解释并不是一件难事,但很容易陷入机械照搬一位小数意义理解的误区。在这句话的下面配上两幅图后,学生会在头脑中经过快速的分析与比较,用百格图把0.01和0.99的意义表达出来。这里,表面上数与形各有分工,实质上却是在学生头脑中补充0.01和0.99的存在方式,最后达到数形结合的目的,使学生对小数意义的理解更为完整。

　　数形结合主要是指数与形之间的一一对应关系,其实质就是将抽象的数学语言与直观的图形结合起来,将抽象思维和形象思维结合起来,通过对图形的处理,发挥直观对抽象的支柱作用,实现抽象概念与具体形象、表象的联系和转化,化难为易,化抽象为直观,使数学内容立体化,过程立体化,形成立体化数学,让课堂活起来！

二、随儿童一道生智扬采

做老师不容易,做好老师更不容易;让课堂溢满童味不容易,让课堂教学充满童趣更不容易。虽然,把一次次课上好,让自己的教学能够童味自来是那么的不容易,但是,翁小的老师心向儿童,行为童味,不断地在教学天地里奋斗,想方设法让自己的教学充满童趣,成为与孩子一道成长的磁场,努力让课堂闪耀着老师们迷人的风采。

(一)为儿童,喜欢你的课堂

为儿童,才会喜欢儿童,才会想方设法地让孩子们喜欢自己的课堂。翁小的老师多年来一如既往地为儿童而精攻课堂,不仅形成了各自的教学主张,创建了各自的教学模式,而且让孩子们喜欢上了课堂。

其一,让教学语言有魔力。布瓦洛曾说过:一句漂亮话之所以漂亮,就在于所说的东西是每个人都想到过的,而所说的方式却是生动的,精妙的,新颖的。如何在课堂中让学生掌握操作技能的同时,又能形成良好的信息素养,关键在于教师的引导,而引导的关键就在于教师的课堂语言。如何在课堂里妙语生"花"?每一个老师都有自己的实践体验,有自己的心得体会。翁小的一位信息技术学科老师,结合自己的教学实践,形成自己的一些看法。

1. 教师课堂语言要规范、准确,为更好地展开教学环节服务。

小学信息技术学科的特殊性决定了教师关注学生操作技能的掌握,忽视了自己在课堂中语言是否规范、准确。如:上课时,教师揭示课题后就开始进入知识点的学习,完全忽略了课堂的导入环节,这样随意的语言会遏止学生的学习兴趣与热情。良好的新课导入,能迅速引起学生的认知冲突,激发学生的学习兴趣,从而使学生自然地进入最佳的学习状态。在基础专业术语方面,大部分孩子经常会将"单击"说成"按一下"、"关闭"按钮说成是"叉叉"等,区别不大,但是如果从小就这样不规范用语,等长大了习惯形成就改不了了。这样听起来易懂,事实上却是不利于孩子的发展,教师应该从小帮助学生使用正确的规范用语。

2. 教师课堂语言要适合小学生,提高学生的学习兴趣。

爱因斯坦说过"兴趣是最好的老师",如何让孩子主动、积极地学习?这是我们教师追求不懈的目标。在多年的一线教育生涯中,我们总结了自己的经验。

说贴近学生的语言。如果想走近孩子们的心灵,就要跟他们成为朋友,用孩子们的语言与他们交流,会有意想不到的惊喜。如:在教授键盘打字的一段时间,学生的练习量比较大。我说:"小朋友们,你们现在是队长了!"学生奇怪自己怎么成了队长,马上就来了兴致。我又说:"请你带着你的小队员们(十个手指头)去消灭字母敌人吧!"一节课下来,孩子们的热情高涨,下课了还不忘告诉我,自己消灭了多少敌人。显然,在课堂中,学生学到了本节课的知识而且顺利地完成了任务。其实活动方式是一样的,关键是看你怎么表达。只要抓住孩子的心理特点,把握课堂语言的艺术,我相信我们每个人都会是指挥队长的将军,在课堂中打一个漂亮的胜战。

说关心学生的语言。现在的小学生得到家人的宠爱,像个小大人,老师有时候都忘记了他们还是孩子。正是因为这种情况,我发现教师与学生的沟通中关心学生的语言少了。有一次,一个学生头疼,教师习惯性地用手试了一下他额头的温度,问他要不要先回教室休息一下。那天之后,课堂上这个孩子听得很认真,而且经常举手发言。人与人之间的情感真是微妙啊,其实我们只是做了老师应该做的事情,可孩子记在心里了,他把这些话化作你对他的关心与爱。

说激励学生的语言。教学艺术的本质不在于传授,而在于激励、唤醒和鼓舞。激励的语言可以让学生充满自信,并以这种心态投入学习。在众多的学生中,有一个特别聪明的孩子,很期待受到表扬,可每次课堂上他总是不太遵守纪律,经常找他谈心,但事情没有丝毫进展。后来开始提高警惕,发现他其实是想引起老师和同学的注意。之后,就在他有一点点进步的时候马上鼓励他,他似乎也感受到老师的关心,没多久这个孩子的作品就成了班上优秀范例之一。不是聪明的学生常受表扬,而是表扬会使学生更聪明。教师在教学过程中认真完成教学目标是基础,如果我们同时能兼顾学生的感受,并且鼓励他们,为他们的点滴成功加油喝彩教学会更成功。

说感激学生的语言。感恩是中华民族的传统美德,成为我国传统文化的基本道德。

感恩教育是德育的一个重要组成部分,通过行之有效的措施对学生进行识恩、知恩、感恩的教育,使学生知恩于心,报恩于行。学校的德育工作开展得如火如荼,学生的言行也受到了熏陶。我们关注孩子的德育,可我们应该让自己的"身正为范"给孩子做最好、最直接的榜样。课堂上,学生踊跃发言时,我们要说"谢谢你的发言!";学生帮助有困难的同伴,我们要说"谢谢小老师!";学生上台示范后,我们也要说谢谢……这些都是学生会做、应该做的,可一句简单的谢谢就能无形中起到实实在在的模范作用。

3. 教师的职业语言要勤练,并形成个人独特的语言风格。

普通话是教师的职业语言,用普通话进行教学是合格教师的必备条件之一。我们用普通话跟学生交流,使学生说好普通话,用好规范字,提高语言文字规范意识和应用能力。在教学生涯中,教师逐渐会形成个人独特的语言风格。在一次优质课评比活动中,借班上课的老师看到学生一言不发,说了一句:"很低调啊,都不愿意说!"当时,我真佩服这老师,非常妙的一句话,缓解了学生的紧张情绪,慢慢地一个个小手就举起来了。看似简单的话语,里面却包含了很多的艺术。我自己在教三年级画图时,我将"花种子"的"翻转/旋转"比喻成"翻跟斗",把"拉伸/扭曲"比喻成"让花跳舞",在学生操作时,我说"让你们的花也跳舞吧!"学生开心地动手操作。在教学中,有很多这样的教学片段,有时只是我们的灵光一现,但却能让我们的课堂绽放火花。

其二,让语文练习有磁力。作业设计是教学过程中的一个重要环节,它不仅是检测教学效果的一种重要手段,还能对学生的学习起到一个导向作用。北师大肖川博士在《教育的理想与信念》一文中指出:家庭作业应该是教师精心准备的送给孩子的一个礼物,它不仅可以传达教师对学生学业的重视,也可以培养孩子对于学业成效的责任心。因此,作业不光是学生巩固和运用知识解决问题的手段,同时也是促进学生智能发展,开发学生创造潜能,增强学生学习责任感的有效途径。"童味教育"提倡把教育还给儿童,其作业设计同样要充分尊重儿童,遵循儿童身心发展和学习的规律,使作业设计符合儿童口味,这样才能更受孩子欢迎。

就语文作业而言,符合儿童口味的设计,有这样一些原则:

自主性原则。传统语文作业的布置是"一刀切",即对全部学生提出统一的作业要求,规定他们在相同的时间内完成同样数量和同等质量的作业,学生处于被动地位,毫无自主性可言。童味语文作业的设计,应承认学生的个体差异,充分体现学生的主体地位,尊重学生的自我选择,学生既可以选择作业的内容和形式,也可以选择作业的数量和完成方法,从而变被动作业为主动作业,变"要我做"为"我要做",让孩子真正成为作业的主人。

开放性原则。传统语文作业选材以课本为中心,很少关注作业与实际生活的联系。学生完成作业不需要融入现实生活和深入实践探究,更多的只是对课堂内容和书本知识的回忆和再现。童味语文作业的设计,要关注学生的生活领域,让课堂知识回归到生活中去,要体现实践探究,让书本知识能运用到实践中去,应尊重学生个人理解和具体运用,留给学生创造空间,允许孩子作业的答案因人而异。

人文性原则。长期以来,由于过分强调语文学科工具性,忽视人文性,以致不少教师把语文作业理解成仅仅是巩固知识、训练技能的手段而已。童味语文作业设计应融"工具性与人文性"之功能于一炉,让学生在作业中和谐发展,既注重知识和能力培养,也重视情感熏陶、思想启迪、心灵感悟。

融合性原则。传统语文作业的布置只局限于本学科,与其他学科之间缺乏联系和渗透,虽然能提高学生掌握语文知识的效率,却容易使学生形成狭隘封闭的知识观。童味语文作业设计要淡化学科间的界限,把语文学科同其他学科在知识上相关或思考方法相似的内容综合在一起设计练习,对语文学科与其他学科的知识进行渗透与融合设计,促进孩子应用能力与综合素质的提高。

遵循这些原则,翁小的叶海英老师类别化地进行了童味语文作业的设计,使语文作业变得有磁力。

1. 分层选择,调动儿童的学习积极性。

儿童的身心发展由于先天禀赋及后天诸多因素的影响,存在着差异。依据素质教育理论,面向全体学生,要让每一个学生的个性得到充分的发展,教师就必须采取作业分层的策略,让学生自主选择适合自己的作业,品尝属于自己的"果子"。针对学生语文能力有差异的客观事实,我们应该为他们确定基础、发展、创造三级目标,一般学生能实现基础目标;基础较好的学生努力完成发展目标;优秀学生能够完成创造目标。这样,学生就能自主选择适合自己的作业,都能在完成作业的过程中体验成功的喜悦。笔者在教完《大瀑布的葬礼》,设计了以下作业超市:

A．积累优美的词句
B．收集一条环保广告语。
C．自己设计一条环保宣传语。
D．画一幅环保宣传画。
E．写一篇读后感。

这种自助餐式的作业设计,由易到难,层层递进,给学生一个自主选择的范围,能力强的可以选择较难的做,能力弱的可以做简单的,这种分层设计不同难度的作业,改变了"一刀切"硬性统一的不利于因材施教的传统,调动了全体学生的积极性,保护了学生的自信心和创造的火花。学生根据自己的能力选择适合自己数量和内容的作业来完成,所有的学生都能在"最近发展区内",跳一跳就能摘到"果子",既避免了某些学生负担过重,又避免了某些学生"吃不饱"的现象。这种分层选择式的作业设计,能充分调动每个学生的学习积极性,使不同发展水平的学生,都能较好地参与作业,促使他们语文能力得到有效的发展。

2. 调查研究,培养学生自主探究精神。

苏霍姆斯基说:"在人的心灵深处都有一种根深蒂固的需要,就是希望自己是一个研究者,而在儿童的精神世界中,这种需要特别强烈。"教师应该相信儿童具有一定的研究能力,鼓励他们以研究者的意识和态度去观察、思考,查找并搜集资料,进行阅读,提炼自己的观点,完成作业。比如在学完《赵州桥》后,笔者设计了以下作业:调查当地桥梁与赵州桥的异同;查找现代立交桥和上海杨浦大桥的有关资料跟同学交流;自己设计一座新型大桥,并为设计的大桥写一段简介。

又如学完《冬阳　童年　骆驼队》,布置学生利用双休日去阅读《城南旧事》,鼓励学生运用读序、读说明、上网查资料等辅助阅读的方式来排难释疑,了解作者的经历、创作背景,理解作品的重要思想和重点内容,引导学生抓住故事中的典型事例和环境变化来研究书中某个人物的性格特点,再在班级中召开一次读书汇报会。

当今社会,各种信息令人眼花缭乱,怎样捕捉、收集、处理信息是人的综合能力的体现。童味语文作业设计应该引导学生进行一些适当的调查研究,收集材料,分析整理,寻找答案,表达成果,进行交流,获得知识,这样能较好地发展学生的探究思维和创造思维,形成一种问题意识和科学精神,逐步养成时有发现,处处有探究的认知习惯,这对培养学生的综合能力有着十分积极的意义。

3. 实践体验,培养学生创新实践精神。

心理学研究表明:"双手从事一些精细的,灵巧的动作,能刺激大脑皮层,发展脑的某些功能。开发学生的创造潜能,不仅是依赖于意识和思想的形成,而且更得益于通过动手,在实践中使创造力得以开发。"《语文课程标准》也明确指出:语文是实践性很强的课程,应着重培养学生的语文实践能力,而培养这种能力的主要途径也应是语文实践,而学习语文的资源和实践机会无处不在,无时不在。因此,童味语文作业设计要充分利用现实生活中的语文教育资源,优化语文学习环境,努力构建开放性、动态性的语文教育体系,开展丰富多彩的语文实践体验活动。今年暑假,笔者为学生设计了以下实践体验式作业:

亮点扫描:

秉承传统美德——自觉尊重长辈,珍惜友情。

关注人际关系——学会交往,与家人共享生活。

倡导文明生活——创造惊喜,培养创新能力。

实践目标:

学会认识,学会做事,学会生存,学会创造。

作业设计:

A. 饲养一种小动物　——真酷。

B. 学烧一道美味菜肴——真香。

C. 给朋友写一封信　——真乐。

D. 帮别人做一件好事——真甜。

E. 自制一份家谱　　——真棒。

F. 动手赚10元钱　　——真爽。

温馨提醒:

A. 养一种小动物,观察它吃食、活动、睡觉,写一篇日记。

B. 学烧一道菜肴,与家人共享,注意安全。

C. 写好信要弄清对方具体地址,并要寄出去。

D. 千万仔细,别把好事做砸了,好心却办了坏事。

E. 制作家谱,如果遇到祖辈已逝,可向亲人询问。

F. 向父母咨询赚钱方法(比如卖棒冰、捡废品),注意安全。

课堂只是小天地,天地乃是大课堂。实践体验式的作业设计改变了传统的作业模式,为童味语文作业注入了新的内容和形式,较好地拓展学生学习的空间,让他们在玩中学,学中玩,其乐无穷,"盘活"了知识,培养了学生的创新精神。

4. 关注生活,培养学生做生活中的有心人。

美国教育家华特·B·科勒涅斯说:"语文学习的外延与生活的外延相等",语文天然与生活联系在一起,生活中处处有语文,也处处要用到语文,生活中有取之不尽、用之不竭的语文教育资源。因此童味语文作业应设计一些科学、新颖,与学生现实生活密切联系的课外作业。例如一年一度的妇女节来临前一周,笔者设计了《记忆中的妈妈》系列作业:

请依照下列题目,每天写一段文字:

1. 和妈妈一起度过的开心一刻。

2. 妈妈让我最敬佩的事情。

3. 我跟妈妈撒小谎的时刻。

4. 妈妈给我的一次教训。

5. 妈妈给我的最好的建议。

6. 跟妈妈一起的难忘旅行。

7. 我的妈妈很特别……

温馨提示:

将所写的文字汇总,根据自己的喜好,画上一些富有趣味的插图,贴上一些精致美观的照片,制成《记忆中的妈妈》一书,送给母亲作为妇女节的礼物,历时一周。

又如学了《黄山奇石》、《日月潭》等课文后,笔者让学生做小导游,回去向家长、朋友介绍那儿的美景;设计风景点宣传牌,设计旅游线路图……

语文源于生活，又必须回归生活。童味语文作业让作业贴近生活，联系实际，这样，才能帮助学生更好地学好语文，并真正受到启迪；才能赋予语文以生命和活力，更好地揭示其全新的潜在意义；才能引导学生更好地懂得生活、学会生活、改造生活，做生活的强者，做生活中的有心人。

(二) 为儿童，迷恋他的课堂

有人说，要是孩子喜欢一个老师，那么，这个老师的课堂就成功了一半。又有人说，要是孩子迷恋老师的课堂，那么，这个老师的课堂就不仅仅是成功可以概括的。翁小的老师致力于"童趣课堂"的打造，不仅要让自己成为学生喜欢的老师，更要让自己的课堂让学生迷恋。于是，在翁小，你的课堂，她的课堂，我的课堂，别致不一，精彩纷呈，让人迷恋。

其一，课堂中，那挥舞悦动的精灵。用一颗童心来笑看花开花落；用一颗童心来享受生命的精彩。走进童心，让我们拥有更多的感动，让我们的心灵更加鲜活，让我们的教学异彩纷呈。叶小丹老师不仅有这样的感悟，而且致力于在童趣盎然的课堂中舞动教学灵性。

1. 挖掘教材中的趣味元素，引之以"奇"趣。

读我们的新教材，犹如和一个个天真活泼的孩子对话。瞧，那"小兔小兔轻轻跳，小狗小狗轻轻跑，要是踩疼了小草，我就不跟你好。"这是孩子的视野，孩子的语言，孩子的想法。"影子在前，影子在后，影子常常跟着我，就像一条小黑狗。"这是孩子的生活，孩子的游戏，孩子的幽默。"妈妈，这个布熊是我送给您的生日礼物，您总是忘了自己的生日，今天我把生日借给您！"这是孩子的聪明，孩子的心愿，孩子美好的心灵……这些充满意蕴、人文、情趣的教材，我们都应好好地挖掘，这些教材中的趣味元素是对孩子天性的最大尊重，是对孩子心灵的最大关注。

孩子边读边笑,边读边想象着自己类似的经历,那是多么美好,多么幸福呀!教材有趣味更需要我们去引导,去发现其中的"奇"趣。所谓"奇"就是指教学内容、教学方法、手段等不断地更新变化,使学生感到新奇、刺激,从而激起孩子的注意。如:唱唱、画画、演演、说说是孩子们喜爱的活动。充满天真童趣的课堂,可以充分调动小学生的各种感官,激发他们的学习兴趣,使他们在轻松、和谐、愉快的环境中,积极主动地参与到课堂学习中。

比如,在教学《去年的树》时就可以或听或唱一些歌颂友情的歌曲。在学习《鲸》一课时,可让学生动笔画出齿鲸和须鲸的区别,鲸睡觉时的样子。在教学《新型玻璃》时,可采用招聘推销员的方式来引导学生说出各种玻璃的特点,以及自己想发明什么样的玻璃。

我想,作为一个语文老师,如果我们用心研究每一堂课,把知识、能力融入到有趣的环节中,把课堂还给学生,那我们的学生一定会释放出更多的激情与智慧。我们的语文课堂一定会充满生命的气息,更有灵性。

2. 挖掘生活中的趣味素材,用之以"新"趣。

《语文课程标准》指出:"应该让学生更多地直接接触语文材料,在大量的语文实践中掌握运用语文规律。"叶老更是强调:生活即教育。我们应该挖掘生活中的趣味素材,将他们引进课堂,把课堂与生活紧密联系在一起,开发学生的经验世界,让学生从已知走向新知,让旧知和新知有机地整合。如生活中铺天盖地的广告语便可以为我们学习语文提供极好的素材。课文中的一些多音字,孩子们经常混淆,难以记清,我们老师帮助孩子找到一些声韵上的规律固然重要,但如果借助直观的媒介——广告,则会有意想不到的效果。

比如"载"字,它有两个读音:zǎi和zài,受方言的影响,不少孩子在表示"装运"这一含义时往往"zǎi"、"zài"不分。为此,一位老师在课堂上引入"洪都"摩托的一句电视广告词:"载(zài)人又载(zài)货,好方便哟",这样有声广告的介入,学生们马上熟记于心了。

3. 挖掘学生中的趣味因子,导之以"乐"趣。

学生是我们的教育对象,我们的任何理念只有被孩子接受才能成为真正的理念,因此,我们必须挖掘出孩子当中的趣味因子,让学生放开手来,大胆地"动"起来,真正地"活"起来，"乱"起来，"乐"起来。课堂当中我们不愿意看到自己所培养出来的孩子只会人云亦云，唯唯诺诺，这样，怎么爆发创新的火花呢？因此，我们允许学生"胡思乱想"，"胡说八道"，可以"朝令夕改"。

如在开学初，一位老师正在讲台上慷慨激昂地给学生进行始业教育，并总结道："本学期，我们的目标是——"，有一个学生不由自主地回答："没有蛀牙！"那可真是"与无声处听惊雷。"所有的学生屏息凝视着这位老师。老师正想勃然大怒，可转念一想：如果一开学就给他们一个下马威，那以后还怎么相处啊？以后的教学工作还怎么开展啊？再说学生又没有犯什么错误。于是莞尔一笑，字正腔圆地说道："对！这也是我们的目标之一！"学生长嘘了一口气。我还模仿着电视上的广告说："牙好，胃口就好，吃饭饭香嘛！请用蓝天六必治。"学生欢呼着，雀跃着。

拉近了与孩子们的心理距离，我们的课堂已不是过去那个模样了。我们常常能看到师生们团团围坐讨论得热火朝天，学生们你争我辩进行得面红耳赤，教室里时而有琅琅书声，时而是清脆歌声，时而有惟妙惟肖的表演，更有那深深沉沉的探究思索，好一个多姿多彩的学习氛围。

其二，课堂中，跃动着合作的音符。合作学习有利于培养学生的参与意识、合作意识与创新意识，有利于培养学生更好地与他人交流的意识和团队精神。在音乐实践活动中，如何让合作跃动起来，欢悦起来呢？

案例 1

在比较了皮球与花球的不同玩法后，老师让学生欣赏第一段音乐《花蝴蝶》："你能用不同的形体动作表现音乐的情绪吗？""你能用花球来表现音乐的情绪吗？"学生在欣赏中随着音乐节奏不停地变换着各种舞姿。"《花蝴蝶》的情绪是欢快跳跃的。"在这一前提下教师进一步开拓学生感受音乐的空间，出示了与《花蝴蝶》形成鲜明对比的音乐雪花："你还能用刚才的动作来表现这段音乐吗？""这段音乐的情绪是优美的。""这两段音乐有什么不同呢？"一位同学说："情绪

第五章 课堂趣童

上,一段音乐是欢快跳跃的,另一段音乐是抒情优美的。"另一位同学说:"速度上,一段音乐是快的,一段是慢的。"还有一位同学说:"节拍上,一段是2|4拍,一段是3|4拍。"学生的回答令老师很振奋,于是师趁热打铁:"你的动作能和别的同学的动作配合起来吗?"同学们或拉手,或面对面地舞动起来。

从案例1中,我们看出学生在宽松、和谐、自主的环境中学习,才能敢想、敢做、敢表演、敢标新立异,教师对情景的创设和营造学生相互之间的合作学习,才能给儿童带来真正课堂上的乐趣。

案例2

在学唱完《不再麻烦好妈妈》这首歌曲后,师引:通过同学们的回答,老师都了解到了你们都会做很多的事情,你们是爸爸、妈妈和老师的好帮手,老师把你们的这些内容都编到歌词里唱唱(师范唱)。师问:你们能不能把自己会做的事情编到歌词里呢?生:能。接下来老师要进行小组合作比赛,不过在合作开始前,老师要把我们比赛的规则说一说,希望同学们都能按这些规则去实行:(1)讨论时要轻轻的,不能大声喧哗;(2)表演的时候可以用打击乐器,但是拿打击乐器的时候轻拿轻放;(3)合作的时间定为5分钟。接下来,老师将班级的学生分为4组,在合作的过程中有个别的学生没有遵照规则时,教师要及时地提醒。结果,学生都能够较好的完成。

啊,校园

小时候,校园
挂在高高的蓝天上。
看见她,听到她,
就好像,

拥抱着满天的星星,
都是我的向往。

入学了,校园
挤进了我重重的书包里。
也爱她,也恨她,
就好像,
追随着一条长长的小溪,
让我欢乐也让我迷茫。

毕业了,校园
长在了一棵茂盛的大树上。
回味她,品尝她,
就好像,
告别着一位初恋的人儿,
竟也令我黯然神伤。

如今啊,校园终于
贴进了我美妙的生活画卷中。
无论离她近,也无论离她远,
都仿佛,
高扬着成熟爱情的风帆,
向着那火红的太阳,
在飞翔……

第六章 德育臻童

儿童是具有主体性的人,他们有内在的能动性,有自身的潜能。站在儿童立场上,怀童心之德育,行童味之德育,儿童才是真正的儿童,在一言一行中展现出主动发展的风采,在一举一止间绽放出积极向上的品格。就是这样的学校:欣赏的童味,在孩子的心灵处共鸣;支持的童味,在孩子的困难中坚定;理解的童味,在孩子的磨砺里演绎。

童味是一种表情

欣赏的童味

在孩子的心灵处共鸣

支持的童味

在孩子的困难中坚定

理解的童味

在孩子的磨砺里演绎

童味是一种性情

从容的童味

任由稚嫩变得成熟

温馨的童味

任由兴致变得盎然

谦虚的童味

任由成功变得自然

童味是一种诗情

年轻的境界

正自蓬勃

第一节 德育：儿童立场

儿童是具有主体性的人，他们有内在的能动性，有自身的潜能。传统的德育往往忽视儿童的童心、童趣和童真，德育被概念化、成人化。在成人的包办代替过程中，儿童德育的最佳时期丧失，儿童的能力逐步退化，加上教师教育观念、教育学内容、方法的陈旧和落后，往往只注重学生接受书本、教师的观点，致使学生的鉴别能力弱、适应能力差。站在儿童的立场上，怀童心之德育，行童味之德育，儿童才会是真正的儿童，在一言一行中展现出主动发展的风采，在一举一止间绽放出积极向上的品格。

一、引领儿童的德行养成

儿童立场德育范式的建构，从理论维度讲，儿童立场德育突破了传统的成人化德育的弊端，具有儿童化、生活化、实践化的特征；在其实践路径上，我们应基于儿童立场，树立把德育还给儿童，让德育呵护儿童的理念，在德育内容上做到亲近儿童、贴近生活、走进实践，在德育方式上做到以儿童喜闻乐见的方式引领儿童在生活实践中体验德性养成。

（一）为儿童，转变德育观念

儿童是不断长大的自由天使，他们乐于无拘无束，乐于信马由缰，乐见正道扑面，乐见万物美好。人在一定社会中相互交往，互利进步，有一定社会倡行的思想观点、行为准则和道德观念需要依循,人的自由正是在这些观点、准则和观念的倡行中洋溢着活力。"人的自由只有在道德的左右和驱使下才能健康地发展,道德为人的自由发展提供不竭动力,而真正体现道德之价值的也就是人能在自身获得自由后创造未来和完善人性。"[1]学校德育是培养学生品德的教育。学校开展德育活动引领受教育者培养品德,实际上是引领他们迈进自由之路,成为不断长大的能够惠己及人的自由天使。

为了儿童,为了儿童自由自在地成长,为了儿童德性自在地养成,我们设计与开展的德育活动,就应该注重激扬儿童的童心,发掘他们的积极自主性、创造实践性,从他们的兴趣爱好和情感需要、意志磨砺、理想扬帆出发,在活动中为他们提供发展个性,进行独立思考和选择道德实践的机会,使他们在实践中借助自己的主观能动性和智慧,努力探索,在活动中活化道德认识,培养道德情感,促进自身品德的发展。

这意味着我们必须转变以下德育观念,树立基于儿童立场的德育观,开展以儿童发展为本的德育活动:

其一,儿童立场的德育是以儿童为主体的德育。孔子说:"仁远乎哉?我欲仁,则斯仁至矣。""为仁由己","仁以为己任,不亦重乎?"他认为,一个人的道德教育的提升和道德品质的升华,应该依靠自己的努力,依靠自己的锻炼实现仁义道德和知识文化修养的完美的结合,最终实现教育者和被教育者的双向德育的提升。德育是有目的地培养人的品德的教育,并不是弱化人的主体性,而应是凸显人的主体性,让人在主动学习中养品化德。我们坚守儿童立场的德育,就是倡行德育以儿童为主体,注重德育的共性目标,也眷顾儿童的个性差异,重视儿童在团队协作中成长,更重视他们的个性得以充分张扬。

其二,儿童立场的德育是以发展为方向的德育。教育所追求的是促进人的发展,是促进人的全面又富有个性的发展。德育亦如此,以其独特的理性与感性互通的实践活动,培养人、发展人和完善人。亚里士多德认为,培养美德必须实践,并通过"理性"的教育,形成道德习惯。传统的"说教"已不适合今天的德育,德育目标确立的依据就是青少年思想品德形成、发展的规律及心理特征。我们坚守儿童立场的德育,就是倡行德育以儿童发展为方向,采取形式多样的、儿童喜闻乐见的方式,变灌输为渗透,变说教

---

[1] 陈平.德育使人自由[J].江苏教育研究.2000(9).

为感染,变分力为合力,有效地培养儿童的良好习惯和高尚的道德情操,做到寓教于乐,贴近他们的生活,努力为他们的全面发展打造优良平台,促使品德成长融入生活之中。

其三,儿童立场的德育是以体验为方式的德育。人的道德发展是知情意行和谐统一的过程。只重视理论阐释而不注重实践体验,就成为空洞说教,就没有生活基础,没有实践土壤,德性养成就难以内化,外显也变得苍白无力。在学校德育工作中,如果我们只是以僵硬的说教方式施加教化,而不是以丰富多彩的活动去引领学生发展道德认知、丰富道德情感、磨砺道德意志、催生道德行为,学生道德发展就难以获得知情意行的和谐统一。我们坚守儿童立场的德育,就是倡行德育以体验为方式,让儿童在生活化的德育活动中实践,在实践中体验,在体验中获得道德品质的提升,主动地吸收世间一切美好的品性,敞现阳光自信的品行。

其四,儿童立场的德育是以协同为节奏的德育。学校德育是指教育者按照一定的社会或阶级要求,有目的、有计划、有系统地对受教育者施加思想、政治和道德等方面的影响,并通过受教育者积极的认识、体验与践行,以使其形成一定社会与阶级所需要的品德的教育活动。这些能对受教育者施加的影响,来自广阔的大千世界,来自家庭、社会和学校。也就是说,学校德育不是单向性的资源利用,也不是单方面的教育作用,而是多种资源的充分整合与利用,更是家庭、社会和学校勤力同心地进行全方位的教育。我们倡行德育以协同为节奏,就是要充分整合社会、家庭和学校的资源,充分利用社会人员、家庭成员和学校师生的力量,共同开展德育活动,谱写德育新诗篇。

(二)为儿童,聚焦德育体验

鉴于当前德育新形势下面临着的严峻挑战,我们站在儿童的立场,致力于让我们的德育"活"起来,让老师"做"起来,让学生"动"起来,让品德"升"起来;致力于通过德育活动,使学生开拓视野,接触社会,在活动中体验情感、锻炼意志、实践行为,使知、情、意、行同步发展,同时,学生也在活动中学会探究,张扬个性,提升素养。

我们倡行儿童立场的德育,开展生活化的德育活动,焕发儿童的德性,闪耀儿童的德品,首先从理论上寻找滋养。

第一,从"传统教育"理论中吸纳德育思想。从德国赫尔巴特的"传统教育"理论来看,他的德育思想主要有两点:一是德育的地位,他把道德教育看作是教育的最根本、最首要的任务,他认为一切教育都应围绕对学生进行道德教育——培养完善的人进行;二是德育内容,他把德育内容概括为"五种道德观念",即"内心自由"、"完善"、"仁慈"、"正义"、"公平或报偿"。他认为这五种永恒不变的"美德"是"巩固世界秩序的永恒真理",也是维持现存社会秩序的行为准则。赫尔巴特的"传统教育"理论强调知识和教育过程的系统性,主张灌输式,以教师为中心。其片面性在于轻视儿童,压抑儿童的个性发展,这是我们要摒弃的。

第二,从人本主义道德教育论中吸纳德育思想。以罗杰斯、马斯洛等人为代表的人本主义道德教育论认为,传统学校德育压抑人性,因此教育的目的就是要发展个体的"自我意识",促进自我本能的完善。

我们基于儿童立场展开德育,就是要让每一个儿童一生拥有温暖的德性养成记忆,成就温暖的人生。我们基于儿童、为了儿童、发展儿童,聚焦于德育体验,从体验德育理论中直接吸纳营养,推进儿童立场的德育。

体验式德育是指在老师的启发和引导之下,学生通过主动参与特定的活动或游戏,在与老师、同学的互动中获取个人的亲身体验,发展学生的自信心和胆识、情绪管理、自理能力、发现以及解决问题的能力。

传统的德育往往局限在照搬教材、空洞说教和形式化的活动方面,缺乏创造性和真情实感,它还常把德育量化为指标作为考核学生品德的武器,用分数来衡量学生的德育,形成了传授道德知识为主的格局,却忽视学生的道德体验实践。缺乏学生亲身体验的德育是苍白的、是低效的,它不仅不能触及学生的"道德灵魂",反而激起学生强烈的逆反心理,从而导致德育陷入"假大空"的说教境地,很难达到德育目标。而"体验式"德育强调体验,注重学生的主体地位,注重教育的过程,着力组织和引导学生全身心地参与实践、用心体验、用心感受,不断把全面发展的要求内化为自身的素质。

二、助力儿童的向美生长

学校德育作为一个价值生态、精神过程和实践体系,有其独特的样态。儿童立场德育的倡行,呼唤的是德育促进儿童健康快乐成长的意义价值,展现的是德育引领儿童,像儿童一样长大的实践形态,生成的是德育助力儿童品优行美地生长的本质特征;儿童立场德育的倡行,闪耀的是儿童阳光自信的精神样态,绽放的是儿童自由美丽的生存样态,洋溢的是儿童生动活泼的学习样态,敞现的是儿童情智相生的人际样态。这种种样态,随儿童立场德育活动而生,随儿童立场德育形式而长。

(一)为儿童,践行童真德育

翁小建校20余年来,教育教学各项工作取得了长远的发展,特别是近年来,学校以生命化教育和小班化教育为特色的项目已经逐步形成为学校的办学特色,成为学校办学的优势。以此为基础,翁小确立了"童味教育"办学特色,并以"童真"为学校德育的追求,开启了"童真德育"的实践探索。

其一,厘定"童真德育"活动的理论。2010年10月开始,翁小"童真德育"组建研究团队,由组长组织学习相关的理论。鉴于学校实际情况,我们开始摸索,学习前人的经验。杭州德胜小学谢玲玲校长编撰的《童谣、周训、三字歌——道德教育"德胜模式"的实践探索》就给予我们很大的启发。书中说:"长期以来,人们在教育观念上存在一个误区,认为只要孩子智商高、聪明,只要学习好,对他的教育就是成功。在这种观念的支配下,部分家庭和学校更注重孩子的智力培养,而忽视了其他方面,结果影响了一些孩子的正常发展。中国教育历来有'小胜在智,大胜在德'、'德智体美全面发展'等提法,实际上,与智商同等重要的还有'德商'。只要使孩子的智商和德商协调发展,才能真正培养出'灵魂健全的人'。"我们还学习了19世纪德国的赫尔巴特的"传统教育"理论,20世纪中下叶,以罗杰斯、马斯洛等人为代表的人本主义道德教育论和以班杜拉为代表的社会学习德育论。赫尔巴特提出"第一是德育的地位,他把道德教育看作是教育的最根本、最首要的任务,他认为一切教育都应围绕对学生进行道德教育——培养完善的人进行。第二是德育内容,他把德育内容概括为'五种道德观念',即'内心自由'、'完善'、'仁慈'、'正义'、'公平或报偿'。"而人本主义道德教育论提出"德育目标的三个条件,即真诚(师生关系要保持坦诚真实的情感态度,除去一切假面具)、接受(教师对学生的人格予以充分的尊重,完全接受学生的思想观点、习惯、行为等)、移情理解和无条件关怀"。以班杜拉为代表的社会学习德育论强调:道德教育要关心人格的整体性,教学中要注重教师的人格形象和师生互动的人格因素,注重隐性课程对道德情操的重大影响。"暖记忆"对我们的影响是非常大的,特别适用于德育教育。

鉴于前人的研究及翁小现状,"童真德育"研究团队提出要变"言语德育"为"活动德育"。我们要让我们的德育"活"起来,让老师"做"起来,让学生"动"起来,让品德"升"起来。于是,我们意图通过"童真德育"活动,使学生开拓视野,接触社会,在活动中体验情感、锻炼意志、实践行为,使知、情、意、行同步发展,同时,学生也会在活动中,学会探究,张扬个性,提升素养。

其二,确立"童真德育"活动的内容。"童真德育"活动是一种以学生为主体、以教师为主导,依据社会需要和学生成长的需要,遵循学生身心发展规律和道德品质形成规律,有主题、有目的、有计划地组织学生开展道德学习活动的一种课程形态。"童真德育"活动的内容应从学生发展需求出发,以社会要求的道德规范和学生的生活实际为内容,采用学生喜闻乐见的形式,引导学生自主参与、合作学习,在活动中体验,在体验中生成德性,促成学生思想发展而设计的活动。华东师大课程与教学研究所教授张华指出,德育活动的设计应从学生出发,遵循学生的认知特点和生活经验,让学生在实践体验中解决现实生活中的认知冲突。为此,翁小"童真德育"研究团队鉴于德育的特点,设计符合学校学生发展需求的德育活动校本课程。课程分为三个板块"每月一事"、"每周一习"、"每日一知",即每月设计一个主题活动,每周养成一个行为习惯,每日增加一个知识点,旨在通过丰富多彩、具备时代气息、富有儿童情趣的各类教育活动,让孩子在活动中得到体验,得到启迪,受到教育,取得收获。

下图为"童真德育"活动课程的构建图。

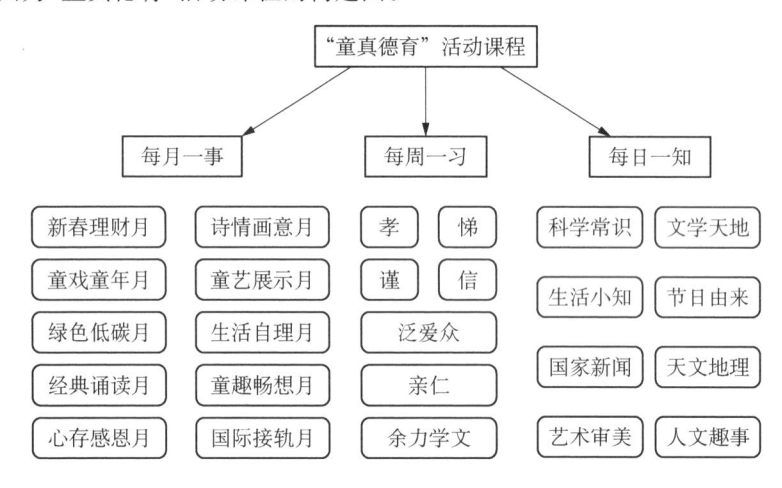

```
                    "童真德育"活动课程
            ┌───────────┼───────────┐
          每月一事      每周一习      每日一知
```

每月一事	每周一习	每日一知
新春理财月 / 诗情画意月	孝 / 悌	科学常识 / 文学天地
童戏童年月 / 童艺展示月	谨 / 信	生活小知 / 节日由来
绿色低碳月 / 生活自理月	泛爱众	国家新闻 / 天文地理
经典诵读月 / 童趣畅想月	亲仁	艺术审美 / 人文趣事
心存感恩月 / 国际接轨月	余力学文	

(二) 为儿童,创新德育形式

西方有一句名言:"听过的我会忘记,看过的我会记得,做过的我才会理解。"我们天天说要让孩子学会学习,学会思考,学会探究等等,但是细想一下,我们有给我们的孩子这样的机会,这样的时间与空间吗?我们天天对着孩子采用说教式的模式来进行德育教育,能给孩子留下多少的记忆呢。只有在场景中让学生参与了、体验了,他们才能感悟。

其一,"每月一事"活动形式。"每月一事"即每月设计一个主题活动。在"每月一事"活动项目的设计上,我们根据学校的实际情况设计了"新春理财月"、"诗情画意月"、"绿色低碳月"、"生活自理月"、"经典诵读月"、"童趣畅想月"、"心存感恩月"、"国际接轨月"等10个月主题活动。在活动的开展上,我们根据各个年龄段学生的不同认知水平开设不同的活动,并且所有活动学生的参与率为100%。学生通过这些丰富多彩的活动,从中获得体验,得到启迪,受到教育,取得收获。

图 6 "每月一事"活动罗盘图

我们从孩子的志趣出发,从"小"抓起,从"基础"抓起,加强养成教育,结合教育局部门所开展的一些活动,如艺术、体育、科技、读书、感恩、环保、英语、数学这几大板块的内容,然后结合节期、地理位置、生活开展了一月一事活动。(见上图:"每月一事"活动罗盘图）我们将德育中涉及到的责任、关爱、合作、分享、探索、创造、劳动、运动、游戏、文化、审美、艺术等内容变成场景式的有实质的进行落实。在活动的开展中,我们一直邀请家长共同参与,分享收获的喜悦;我们给家长发放意见征求表,共同改进研究中存在的问题。这一系列的活动让家长看到孩子实实在在的进步,感受到学校真诚的态度和为孩子发展尽心尽力的赤诚。

下表为"每月一事"活动一览表。

乐清市翁垟第二小学"每月一事"活动一览表

活动项目	时间安排	活动安排	各级段活动安排					
			一年级段	二年级段	三年级段	四年级段	五年级段	六年级段
新春理财月	寒假	了解传统过年习俗	给长辈拜年、压岁钱收支记录	包饺子、压岁钱收支记录	做窗花卡片、自己办存折	画年画、制定远期"旅行"目标	做鞭炮工艺品、开设网银账户	了解对联知识、投资尝试做小生意
快手数学月	三月	我是小诗人	诵读童诗	说唱童谣	童诗童画	诗歌手抄报	配乐诗朗诵	现场诗歌创作
童戏童年月	四月	校运动会	过河	火车过山洞	小绳欢乐跳	绳彩飞扬	移箱过河	二人三足
童艺展示月	五月	表演类节目演出活动	色彩游戏	涂鸦画	蜡笔画	童话头饰	吉祥物设计	四格漫画
绿色低碳月	六月	环保标语征集活动	铅笔屑添画	落叶贴画制作	废纸盒机器人制作	废纸工艺品制作	废塑料瓶花盆制作	废酒瓶花瓶制作
生活自理月	暑假	在家自理情况测评表	穿衣服比赛	整理书包比赛	系鞋带比赛	系红领巾比赛	穿针引线比赛	钉纽扣比赛
经典诵读月	九月	1.我们一起画绘本 2.读后感评比活动	读绘本故事	讲绘本故事	制作小书签	制作阅读摘录卡	制作好书推荐单	创编童话故事
童趣畅想月	十月	1.科幻画比赛 2.七巧板系列比赛	纸飞机放飞赛	灵敏纸风车比赛	旋转纸陀螺比赛	纸船承重比赛	搭纸塔比赛	纸桥承重比赛

续表

活动项目	时间安排	活动安排	各级段活动安排					
^	^	^	一年级段	二年级段	三年级段	四年级段	五年级段	六年级段
心存感恩月	十一月	写感恩箴言活动	感谢父母养育我	感谢老师教育我	感谢同学帮助我	感谢学校培育我	感谢社会关爱我	感谢自然赐予我
国际接轨月	十二月	1. 英语口语秀 2. 英语书写比赛	Grade 1 (A B C)	Grade 2 (A B C)	Grade 3 (A B C)	Grade 4 (A B C)	Grade 5 (A B C)	Grade 6 (A B C)

我们开发的"每月一事"活动,都是根据各个年龄段学生的不同认知水平开设不同的活动,人人参与,并且在活动的形式上增加趣味性,从孩子的角度去思考,开展孩子喜欢玩的活动。如十月童趣创想月,我们以"纸"为主题在各个级段中开展了以下活动,孩子能通过这些丰富多彩的活动,从中获得体验,得到启迪,受到教育,取得收获。

一年级段	二年级段	三年级段	四年级段	五年级段	六年级段
放飞纸飞机	灵敏纸风车	旋转纸陀螺	纸船载重	搭纸塔	纸桥承重

其二,"每周一习"活动形式。行为形成习惯,习惯决定品质,品质决定命运。习惯不是一般的行为,而是一种定型行为。它是经过反复训练而养成的语言、行为、思维等生活方式,是人们头脑中所建立起来的一系列条件反射。小学阶段是培养习惯的关键时期,一二年级又是最佳期。据研究发现,到了初中再培养习惯就难多了。一旦养成了不好的习惯,再想改就难多了。中国教育鼻祖孔子对从小养成习惯的重要也做了解释:"少成若天性,习惯成自然。"从小养成良好习惯,优良素质便犹如天性一样坚不可摧。习惯是一个人存放在神经系统的资本,一个人养成良好的习惯,一辈子都用不完它的利息,养成坏习惯,一辈子都偿还不清它的债务。蔡元培先生也曾说过:"教育者,养成人格之事业也。"《弟子规》是人们的生活规范,依据至圣先师孔子的教诲编写而成,教导学生为人处世的规范,做到与经典同行为友。"童真德育"研究团队以弟子规为题材,编撰教材,让学生通过每周周一的周前教育逐渐养成良好的习惯。在"每周一习"活动中,我们通过孝、悌、谨、信、泛爱众、亲仁、余力学文等7个板块来进行,并且采用学生常见的生活场景作为为情境模式来让他们进行讨论。下表为"每周一习"的一

览表。

乐清市翁垟二小"每周一习"一览表

孝、悌、谨、信、泛爱众、亲仁、余力学文

1 听命周	2 恭敬周	3 小善周	4 勿忧周	5 劝谏周	6 爱亲周
7 和睦周	8 礼让周	9 尊老周	10 礼貌周	11 尊长周	12 生活周
13 衣着周	14 饮食周	15 仪表周	16 慎行周	17 条理周	18 礼答周
19 借物周	20 诚信周	21 自律周	22 独慎周	23 自省周	24 美德周
25 交往周	26 修身周	27 仁爱周	28 德才周	29 自律周	30 扬善周
31 谦让周	32 讲理周	33 交友周	34 实践周	35 学习周	36 态度周

我们开发的"每周一习","每日一知",就是引导孩子们去做一做,学一学,悟一悟。我们以《弟子规》为题材,编撰教材,让学生通过每周周一的周前教育逐渐养成良好的习惯。在"每周一习"活动中我们通过孝、悌、谨、信、泛爱众、亲仁、余力学文等7个板块来进行,分为36周开展,如第一周为听命周,第二周为恭敬周,第三周为小善周等,并且采用学生常见的生活场景作为情境模式来让学生进行讨论、反思。

其三,"每日一知"活动形式。"每日一知"即每日增长一个知识。我们通过问卷调查、收集等方式了解学生感兴趣的问题及知识,从科学常识、文学天地、生活小知、节日由来、国家新闻、天文地理、艺术审美、人文趣事等方面来进行整理,并通过编撰"每日一知"卡,将卡片发放给学生带回去学习了解。我们将这一个月的4张"每日一知"卡,在4周、8周、12周、16周这4周的周三中午,由大队部的学生安排题目内容现场竞答。通过这样的一个竞赛活动,学生对这些知识就基本记住了,累积了他们的知识量。下表就是发放给学生的"每日一知"知识表。

乐清市翁垟二小"每日一知"第4周

星　　期	主题:生活小常识
星期一	巧用牙膏:若有小面积皮肤损伤或烧伤、烫伤,抹上少许牙膏,可立即止血止痛,也可防止感染,疗效颇佳。
星期二	用微波炉做菜时,首先要用调料将原料浸透。这是因为微波烹饪过程快,若不浸润透很难入味,且葱、姜、蒜等增香的作用也难以发挥

续表

星　期	主题：生活小常识
星期三	舒缓眼部疲劳：用水浸泡药用小米草或母菊花，然后将毛巾浸湿，敷于眼部10到15分钟，可有效舒缓眼部疲劳。
星期四	煮饭不宜用生水。因为自来水中含有氯气，在烧饭过程中，它会破坏粮食中所含的维生素B1，若用开水煮饭，维生素B1可免受损失。
星期五	做菜或做汤时，如果做咸了，可拿一个洗净的土豆切成两半放入汤里煮几分钟，这样，汤就能由咸变淡了。
星期六	面包能消除衣服油迹：用餐时，衣服如果被油迹所染，可用新鲜白面包轻轻摩擦，油迹即可消除。
星期天	风油精的妙用：在电风扇的叶子上洒上几滴风油精，随着风叶的不停转动，可使满室清香，而且有驱赶蚊子的效用。

正是通过"每月一事"，"每周一习"，"每日一知"活动的开展，我们有效地将学校、学生、教师、家长连成了一线，丰富了学校课外活动课程，形成一种尊重儿童天性的独特德育网络体系，让学生在活动中体验、感悟，进而获得品德的提升，也让家长通过学校的活动能够亲子共参与，见证孩子的成长。

第二节　德育：童味自来

"童真德育"认为，基于儿童立场的德育，一方面需要用宽容的情怀去呵护好儿童的那份真，另一方面需要积极引导儿童知晓、辨别、实践、追求真善美，而不是将成人世界的所谓道德规范灌输给儿童。于是，随着德育项目的创新，德育效能的日显，童味自来。

一、活化儿童的成长姿态

只有从观念到内容、到形式与途径到评价进行创新，行走在创新之路上的德育，方能开创德育工作新局面,方能使德育工作焕发生命的活力。基于儿童立场的德育,以"童真德育"理念为指导,不断地推陈出新,推进德育项目,展现出"童真德育"的效能,展现出师生的生命活力,弥漫着至真、至善、至美的童味。

(一) 为儿童,推进德育项目

每月一事,事必养德;每周一习,习必见品;每日一知,知必践行。从"一事一习一知"德育课程出发,翁小以项目方式推进这些课程的实施,以持续发挥"童真德育"的价值。

其一,推进"每月一事养童德"项目。创新发展是德育活动的灵魂。它是指在活动中促进学生的个性发展和培养学生的创新品质。随着时代的发展,在德育活动中,要给予学生更多的自主权,要允许学生进行多样选择,从多个角度去认识同一事物,培养创新思维。为此,"童真德育"中的活动必须彻底打破传统以一个统一的、绝对的道德标准来评判某一个人或某一种社会现象的弊端,给学生提供充分的创新思维空间,让学生在宽松、民主的教学氛围中充分发表自己的观点,展示自己的创造潜能。如"绿色低碳"月中我们提倡环保,我们开展了一年级段"铅笔屑添画",二年级段"落叶贴画制作",三年级段"废纸盒机器人制作",四年级段"废纸工艺品制作",五年级段"废塑料瓶(盒)花盆制作",六年级段"废酒瓶花瓶制作"活动。孩子们利用身边的废弃品制作了一件件精美的艺术品的时候,收获的不仅仅只有欢乐,还收获了思维的创造力。

体验是学生在实践生活中的认知、明理和发展的过程,是学生发展的主要途径,我们要让学生通过富有情趣的系列活动,让学生从自己的世界出发,亲身去感受,用心去体会,让每位参与的学生都感觉自己就是活动的主角,让学生始终以主人翁的身份参与活动,让学生在生动、活泼的体验中主动体验,充分展示各自的潜能和力量,使学生在活动中有更多更深的感悟。为此,我们力所能及地为学生创设实践体验的平台,让学生通过更多的活动去实践,从而在实践中获得体验。如"国际接轨月"中,我们开展了英语口语秀、英语手抄报、英语美食节等活动。在英语美食节活动中,孩子们用英语进行买卖。通过实践体验,他们不仅口语水平得到了锻炼,还感受到了买卖的诚信品质。503班杨易初说:"这次学校能举办这种活动,我十分高兴。因为我当的是售货员,前来的顾客真是络绎不绝,我忙都忙不过来。左一个,右一个……很快,两篮子的橘子一下子就被卖光了……拿着一摞的钱,心中十分地高兴、快乐……我们平时都在学习,这次活动能激发我们的信心!"

"童戏童年"是翁小"每月一事"的4月德育项目,其各级段活动安排如下:

<table>
<tr><td colspan="2" align="center">乐清市翁垟第二小学"每月一事"之"童戏童年"各级段活动安排</td></tr>
<tr><td>级段活动</td><td align="center">活动安排</td></tr>
<tr><td>一年级段:
快乐跳格子</td><td>1. 参加对象:一年级全体同学
2. 活动目标:学习并开展单双脚连续跳格子活动,锻炼学生腿部力量,发展学生弹跳能力,培养动作协调性、灵敏性,体验与同伴合作活动带来的快乐。
3. 活动准备及规则:
准备:在体育老师和班主任老师的指导下开展"跳格子"活动,让每个学生都懂得活动规则,事先掌握双脚、单脚跳的方法;活动场地上事先画好不同形状的格子。
规则:"跳房子"的时候不能踩边缘线,踩到线的学生必须退回起点重新跳;分成人数相等的若干小组,跳相同的格子,在同一时间内速度快的获胜。</td></tr>
<tr><td>二年级段:
火车过洞</td><td>1. 参加对象:二年级全体同学
2. 活动目标:开发智力,培养团结互助及乐观向上的精神。
3. 活动准备及规则:
准备:在场地上划二条相距10米的起止线,皮球四个,藤圈四个。
过程:将同一个班的学生分成人数相等的两支队伍,分别站在起点和终点处;每个班各出三人半跪着扶住藤圈,分别在起点、中间和终点处作为"山洞"。游戏开始,各班第一组同时抱球向终点跑去,经过"山洞"时,快速从"山洞"中钻过去,到达终点处把球放到下一人手中,依次循环,最后以先完成的班级为胜。
规则:游戏过程中球如掉下必须在原地把球放好后才能继续前进;过"山洞"时不允许把"山洞"碰倒,若碰倒了需重新钻山洞。</td></tr>
<tr><td>三年级段:
小绳欢乐跳</td><td>1. 参加对象:三年级全体同学
2. 活动目标:发展学生的身体协调能力及手腕和脚腕的力量。
3. 活动规则:比赛方法运动员双手持绳,经前向后绕体一周为一次,一人在一分钟内完成的次数为个人成绩,全班的成绩总和为最后的总成绩;比赛开始,先由裁判员提示做好比赛准备,然后发出比赛指令,视为比赛开始。在比赛中如若绳子脱手,可重新捡起继续比赛;本次比赛运动队的出场顺序由抽签决定;比赛使用的绳子由大会统一提供。</td></tr>
</table>

续表

级段活动	活动安排
四年级段：绳采飞扬	1. 参加对象：四年级全体同学 2. 活动目标：培养学生的团体合作精神及学生的跳跃能力。 3. 活动准备及规则： 学校田径场设比赛场地，每个场地均有老师裁判员3名，比赛长绳自备。 每班派出参赛队员，另选摇绳队员2名。 比赛前列队在绳一端，裁判员施令后摇绳队员开始摇绳。 比赛时间为3分钟，裁判鸣哨比赛开始，再次鸣哨比赛结束。 比赛时每摇一次绳只准进入一人，跳二次绳后跑出，如进两人或两人以上均记一人，空绳、死绳均不计数，以结束时累计次数多的班级为胜者。
五年级段：移箱过河	1. 参加对象：五年级全体同学。 2. 活动目标：培养学生的合作精神。 3. 活动准备及规则： 要求每班40人次，平均分4队，每队10人，（人数不够的可以让一部分学生进行2次，达到40人次），分别站在距离20米的两条横线上，给11张立方体的小木箱，要求先让一队队员站在木箱的上面，齐心合力，想办法向对面（20米）移动，等第一个箱子到达对面横线时，这队队员按照次序下箱子，下队队员依次上箱子，向对面移动，依次进行。要求队员在移动过程中，不许脚落地。最先全部完成的为优胜队。
六年级段：二人三足	1. 参加对象：六年级全体同学 2. 活动目标：培养学生的合作精神 3. 活动准备及规则： 各成两种纵队（两人一组）站在起跑线后，各队第1组用布带子把两人的异侧肢（一人左脚、一人右脚）的踝关节绑在一起，互相搂肩，准备起跑。 游戏开始，教师发令后，各队第1组立即向前跑，绕过小旗回起跑线，把布带解开交给第2组。游戏照上述方法依次进行，每人轮流跑一次，最后以先跑完的队为胜。 必须在起跑线后把脚绑好，不准抢跑。 若中途带子散开，应在原地绑好后继续跑。 每场比赛采用三局两胜制决定胜负，胜一场得一分，输者不得分。第一局抽签决定场地，第二局交换场地。

其二，推进"每周一习见童品"项目。在经典诵读中传承中华美德。《弟子规》原名《训蒙文》，原作者李毓秀（公元1662年至1722年）是清朝康熙年间的秀才，以《论语·学而篇第一》"弟子入则孝，出则悌，谨而信，泛爱众，而亲仁，行有余力，则以学文"为中心，分为五个部分，具体列述弟子在家、出外、待人、接物与学习上应该恪守的守则规范。后来，清朝贾存仁修订改编《训蒙文》，并改名《弟子规》，是启蒙养正，教育子弟敦

伦尽分防邪存诚,养成忠厚家风、教育孺子的最佳读物。我们深切感到,传承中华美德、培养民族精神、提高学生的文化素养、陶冶情操、促进学生思想道德素质全面提高是十分重要的。因此,我们"每周一习见童品"项目第一部分采用的就是《弟子规》,根据《弟子规》这七个板块的内容展开。

在讨论反思中形成正确观念。学生固有的道德行为的转变和改善,是一个长期的过程,是学生的"认识—选择—行为—评价—再认识—再行为"的过程。"每周一习"课程的第二个板块是师生大讨论,第三个板块是我的反思。"童真德育"组的老师根据身边真实的对错事例让学生进行讨论,老师再通过指导学生对自我道德认知、道德行为的选择,道德行为的后果进行分析和反思,总结道德的得与失,对与错。将这些事例与社会规范、社会要求进行对比分析,哪些行为和结果是社会主流价值允许存在的,是促进社会主流价值存在和升华的;哪些是社会主流价值所不允许存在的,是违背社会主流价值的,对社会道德规范起破坏和颠覆作用的。通过这一过程,引导学生对自己的道德认识、道德选择、道德行为进行重新思考和总结,促进学生原有认识的重新建构,使之自主地向社会道德要求和规范靠拢,形成自身内在的对道德规范的真实理解,迫使道德践行的真实和有效,形成正确的道德价值观念。

【师生大讨论】

情境1:到了吃晚饭的时间了,可是小明还沉浸在电脑游戏的趣味中。

妈妈在楼下叫:小明吃饭了。

小明正在兴头上没有反应。

妈妈继续叫:小明快点把电脑关了下楼吃饭。

小明:噢,知道了。(但是心里不痛快,继续玩。)

过了几分钟还没有下来,妈妈上楼来强行关了电脑,小明狠狠地瞪大眼并大声地对他妈妈说:"干什么呀,我还没有玩好呢。"然后生气地回到自己的房间把门一关。

讨论1:

小明的做法错在哪?

他应该怎么去做？

平时你们对父母的吩咐和教导是如何去行的？

情境2：小可父母的工作在菜场，每天他们都要很早起床去菜场卖菜，而小可还有一个刚上一年级的妹妹。

妈妈：小可，妈妈明天一早就要去菜场，钱已经放在桌子上了，明天早上你们自己去吃早餐。

小可：嗯，知道了。明天我会和妹妹准时起床去吃早餐的，妈妈和爸爸你们放心去工作吧，我已经长大，妹妹的事情我会安排好，请爸爸妈妈不用担心。

晚上睡觉前，小可调好6：30的闹钟，第二天，闹钟一响，小可轻轻地叫醒妹妹，兄妹俩洗刷完毕后，小可检查了自己和妹妹上学所需要的学具及整理了自己的仪表。兄妹俩一起上学，到学校附近的早餐店吃完早餐，开开心心上学。

讨论2：

小可有什么地方值得我们学习？

平时在家中我们能否将父母吩咐的事情完成得很好，不让父母为我们担心？

情境3：彬彬的同桌不小心碰到了彬彬，把他给弄疼了，同桌赶紧道歉，但彬彬不接受道歉把同桌给打伤了，老师叫来了彬彬的家长。

爸爸：孩子，今天怎么了？

彬彬：都是他不对，是他先动我的。（彬彬的情绪很激动，一个劲地哭，说话还很大声，很无礼。）

爸爸：（爸爸拉着彬彬的手）好，孩子你慢慢说好吗？不要这样，我们找找看我们自己错在哪里。

彬彬：我没有错，都是他的错。

爸爸：孩子，即使别人弄疼了你，他已经向你道歉了，我们应该用宽大的胸怀原谅别人，你这样把别人打伤了怎么可以呢？赶快道歉去。

彬彬：不，我没有错，我才不道歉。他的情绪还很激动，并冲出了办公室。

讨论3：

彬彬对爸爸这样的态度，对吗？

他爸爸现在的心情会怎么样？

对于父母的批评我们应该怎么做？

【我的反思】

以下几点我都做得怎么样，请在（　　）里给自己评价。做得挺好的在括号里打√，还需要改进的在括号里打＊，没有做到的在括号里打⊙。

1. 父母呼唤，应及时回答，不要慢吞吞的很久才应答。（　　）
2. 父母有事交代，要立刻动身去做，不可拖延或推辞偷懒。（　　）
3. 父母教导我们做人处事的道理，是为了我们好，应该恭敬地聆听。（　　）
4. 做错了事，父母责备教诫时，虚心接受，不强词夺理，使父母亲生气、伤心。（　　）

在感悟导行中内化道德品质。感悟是德育中实施活动教学的内化机制。感悟导行是指学习主体通过对具体事物的感知和情境的感染来领悟道德知识，接受道德观念，践行道德规范。学生是在有真情实感的前提下去实践道德行为要求，是在活动中真正实现了道德的内化，真正把课堂上所感受的道理和激发的情感转变为自身的道德观念和道德情感，形成道德信念，从内心产生履行道德准则的自觉性，形成道德动机。"每周一习见童品"项目的第四个板块和第五个板块就是实际大行动和反馈。学生通过学习的内容在这一周中做一做，再进行进一步的反馈。只有通过这样的方式，学生才能形成持久的道德动机和行为。感悟导行要求教师在活动教学中，为学生提供充分感悟和体验社会生活的机会，在教育的内容和形式上贴近学生的生活，反映学生的需要，让他们用自己的眼睛观察社会，用自己的心灵感受社会，用自己的方式研究社会。

【实际大行动】

父母或长辈叫我们，我们应该马上应答。

对于父母交代的事情，我们不能偷懒，认真地去完成。

学会和父母沟通，懂得虚心接受长辈的批评。

【反馈】

姓名		班级		内容	
我做到了					
我进步了					
我还不够					

其三,推进"每日一知践童行"项目。以新颖内容促进孩子对知识的渴望。诺贝尔物理学奖获得者华人丁肇中曾说:"兴趣比天才重要"。在人生发展的轨迹上,兴趣就像一双无形的手,起着极其重要的作用。"每日一知"活动的内容板块是从科学常识、文学天地、生活小知、节日由来、国家新闻、天文地理、艺术审美、人文趣事等方面来进行整理的。在知识的梳理过程中,我们挑选有趣、新颖、贴近生活的内容和最新实事,学生比较感兴趣,这样能有效促进他们对知识的渴望。

以"一月一赛"激发孩子对学习的兴趣。兴趣是最好的老师,我们将这个月的4张"每日一知"卡,在4周、8周、12周、16周这4周的周三中午,由大队部的学生安排题目内容现场竞答,在10秒钟能回答正确的能获得一枚绿叶章,开展的时间只有30分钟。到了每周的周三,孩子们就早早地来到学校,大队部的考核官就在现场进行知识问答,大大激发了学生对学习的兴趣。通过这一竞赛活动,学生对这些知识基本记住了,积累了他们的知识量。

(二) 为儿童,展现德育效能

作为有目的有计划有系统的教育活动,学校德育必须讲究效率与效果,才能使受教育者积极主动地获得各种正向的影响,从而获得道德发展。历经多年的实践探索,翁小的"童真德育"展现出其独特的效能。

其一,学校的德育"活"起来。近几年,在德育活动的开展上,翁小都是延续以前的活动,如艺术节的三独比赛、节庆日活动、"快乐争章"活动,根据"市级比赛"进行学校的选拔赛,虽然也开展了较多的活动,但是活动开展得比较散,没有形成一个体系,学生参与的面比较小。而班级中的德育也只是采用"思想品德"课或"班队活动"课的形式来完成德育教育。在学校，活动是了解学生、发现学生的过程，是培养学生能力的过程，是师生之间相互影响、相互感染的过程。"童真德育"研究团队根据学校实际情况及学生情况，提出变"言语德育"为"活动德育"，开发了"每月一事"、"每周一习"、"每日一知"德育校本课程，并推进相应的项目活动。如今，翁小的德育活动内容丰富、形式多样，深深获得了学生的喜爱，老师的肯定，家长的欢迎，使学校的德育真真正正地"活"了起来。

其二，老师能实实在在"做"起来。"说教"是每个教师的责任，更是教师工作的基本性质，而如何做到不是说教的"说教"，这需要实践智慧。通过"童真德育"所开展的一系列活动，我们教师脱离了原有单一枯燥的"说教"，通过活动的设计、活动的开展、活动的反馈，让我们每个教师都各尽所能，不断更新，在以各种有效活动为基础的实践研究中，德育的工作不再是教师展现知识、演练技艺的场所，而是教师实践智慧的体现过程，是教师做有所得，做有所乐的实实在在的"做"。

其三，学生在活动中"动"起来。"纸上得来终觉浅，绝知此事要躬行"。陆游的这句诗指出了学生从纸上得来的东西感受总不是很深刻。要真正弄明白其中的深意，往往来自于生活实践中自身的真实体验，很多东西都是自己深入，才真正明白其中的道理。"童真德育"实施以来，我们从学生的视角出发，紧密切合学生、学校、家庭、社会生活，设计并开展可信、可行、可究的社会实践活动，给学生一个活动的平台和生活的情境，不再纸上谈兵，而是让学生通过社会实践去感受自己、感受生活，伸展自己的听觉、触觉、感觉，让他们在这个平台上真真实实地动起来，进而在活动中形成自己独立、鲜活的道德体系。

其四，学生的道德品质"升"起来。多数的德育存在着误区，忽视了学生身心发展的需要。灌输式的德育，使得道德教育越来越远离了作为意义和价值之源的日常生活世界，泯灭了学生的主体性，导致学生道德行为的养成和道德情感的培养失去凭依。"童真德育"活动"以学生为本"开展一系列活动，让学生全身心投入到真实有效的实践活动中，在活动中反思自己的一言一行，将自我主动投入到德育之中，形成了一种良好的道德建设氛围，使其在行为中得到强化并通过实践，实现"生活德育"，促进学生的健康成长，提升学生的道德品质。

其五,学校的荣耀成果"亮"起来。

示范"亮"。学校实践"童味教育",受到了各级教育行政部门的重视和支持。学校也多次承办温州市、乐清市级大型教学研讨活动,"温州市教学评价研训会"、"民盟温州市青年委员会送教下乡"、"童味小班　童趣课堂"等市级大型活动经常在学校举行,师生都参加了活动,受到与会专家和老师的好评。

经验"亮"。翁小"童味教育"荣获浙江省"解放学生"教育创新工程试点学校优秀成果的提名奖,现已带动越来越多的专业人士去深入研究,先后与15所学校进行联盟,共同参与实践研究,如杭州的博文小学、金华婺城长山乡等小学,这正成为农村学校回归教育本真的新样式。翁小"童心"教师不断参加市级、省级以及全国的课题和教学比赛,收获颇优。

辐射"亮"。目前,我们的课题成果《童味教育的姿态——幸福教师的28个教学智慧》《童真德育》已经出版,浙江省教育科学研究院方展画院长为本书作序:"童年是人生最天真、最浪漫的岁月,与生俱来的童心、童趣和童真是宝贵的成长资源……幸福学生和幸福教师,他们维系的纽带是"童味"。《让课堂教学多一点儿童味》已由广西师范大学出版社正式出版,受到了广泛的好评,方青副市长为其题词:"童心、童趣、童味、童年"。

二、催生儿童的向上风貌

一个人拥有积极的观念和态度,富有积极向上的情感,能够热情地面对生活,创造性地学习、工作与生活,展现出风采激扬的发展态势。基于儿童立场的德育,追求的就是让儿童的天性获得自然绽放,能够充满激情地追求自身的完善,焕发出童味盎然的风采,教师因富有童心也同样展现出积极向上的精神风貌,绽放出迷人的教育风采。

(一) 为儿童,看见学生风采

随着"童味教育"的实践探索,随着"童真德育"的全面实施,翁小不同特长、不同性格的孩子找到了不同的展示平台,孩子感受到成功的喜悦,也促进了个性的自主发展。儿童更像儿童,生活更快乐,风采更激扬。

其一,学生的学习兴趣、课程认同度和校园生活认可度普遍较高。目前,翁小已有超过六成的学生认为学校开设的课程很有趣,学习是一件很有趣的事情;超过八成的学生校园生活的总体感受是很有意思,参与抽样的不同学段学生普遍对校园生活有着积极的情感体验。

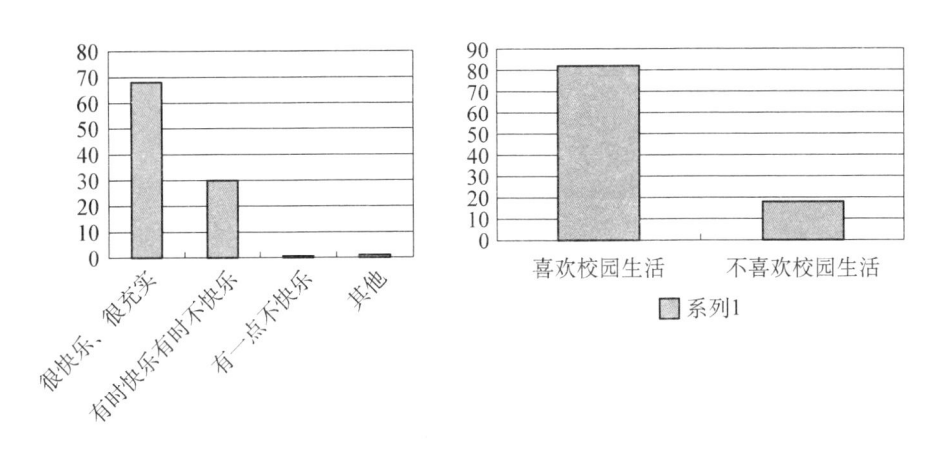

其二,学生的自我认同度较高,学习信心普遍较好。如今,翁小90.3%的学生对自己的学习有信心,超过三成的学生认为自己很优秀。学生这种积极的自我感念,一定程度上反映出我校育人模式转换过程中,课程与学习的选择性、多样性、自主性,正在深层次地影响着学生的自我认知和学习信心。同时,学生自主参与度从之前的45.6%提高到93.8%,非常不主动学习的从之前的5.9%降至1.8%。

其三,课余生活更丰富,学生作业负担减轻。2015年对全校学生的课业负担、作业负担调查显示,仅45%的小学生认为自己的课余生活丰富多彩,近四分之一的小学生作业超时,15%的小学生对作业有着负向的抵触或厌倦情绪。而2017年我校67%的学生认为自己的课余生活丰富多彩,明显高于我校2015年小学生课余生活指标近二十个百分点。

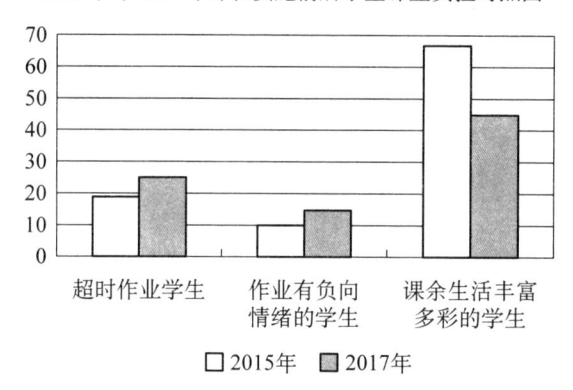

2015年与2017年课程实施前后学生课业负担对照图

	超时作业学生	作业有负向情绪的学生	课余生活丰富多彩的学生
2015年			
2017年			

(二) 为儿童,看见教师风采

随着"童味教育"的实践探索,随着"童真德育"的全面实施,翁小教师专业成长非常明显,他们在教育理念、教学思维、教学行动等方面得到较大的转变,教学能力、科研水平得到有效提升。

其一,童心教师的180度大转身。在学习观、学生观、质量观、评价观等方面,翁小的教师有了新的转变。教师观念的转变带动了教师角色的转变:由原来的知识的传递者向学习的引导者转变;由忠实的课程执行者向课程开发者转变;由权威的统治者向平等合作的伙伴转变;由经验型向研究型转变。

其二,教育教学思维的转变。课堂中,我们的教师注重激发学生的学习兴趣,调动学生的积极性和主动性,精准地设计课堂教学目标,精心地采用简约而有效的教学方法,精确地设计分层练习与体验,使学生在轻松的课堂氛围中学习知识,从而达到课堂教学的最高效率。在活动中,我们的教师以富有童心的眼光,设计丰富多样的适合学生成长的德育活动,并在"每月一事、每周一习、每日一知"系列活动中收获教书育人的真知灼见。

其三,教师成为有思想的行动者进步明显。如今,翁小100%老师都提出了自己的教育主张,80%老师提炼了自己的教学主张,60%老师能根据自己的教学主张进行教学建模。教师在省级公开刊物发表论文近50篇,在市级以上各项获奖人数逐渐增加,教师科研水平逐渐增强,参与课题研究的老师积极性更高。

其四,教师在成为课程人方面有诸多行动。课程开发是教师专业发展的重要途径。我校总共60位专任教师,但却前前后后开发了40多门特色课程,他们买了许多参考资料,动了很多脑筋,想了很多办法,无形中使自己的专业能力得到了不同程度的提高,促进了教育教学水平的提升。

教育漾童味,师者蕴童心。翁小,是儿童的天下,是儿童的花园;翁小,是教师的沃土,是教师的诗园;翁小,是家长的港湾,是家长的期盼。今天的翁小,已成大家心中的热土,生活的梦园。

是你,
让我在人生中有了好的开始。
是你,
激起了我对知识的渴望。
是你,助我成才,助我飞翔。

你教会了我,赠人以鲜花,手留余香。
你教会了我,
赠人以微笑,心留愉悦。

今天,
我要将最美的鲜花,
今天,
我要将最甜美的微笑,赠予你。
我最亲爱的学校。
我心里永远屹立不倒的丰碑。

后记

童年是人生最天真、最浪漫的岁月,与生俱来的童心、童趣和童真是宝贵的成长资源。卢梭有一句名言:"大自然希望儿童在成人之前,就要像儿童的样子。"但目前的教育恰恰是高度成人化的,其结果必然适得其反。可以说,打造一所儿童喜欢的学校是每一位校长不懈的追求。

童味教育,给孩子们自由,让他们按照自己的梦想飞扬;童味教育,给孩子们权利,让他们能掌控自己的人生;童味教育,给孩子们时间,让他们能够自然地成长;童味教育,给孩子们快乐的童年,让他们拥有一段温暖的记忆。

作为一名小学校长,打造一所"童味学校"是我追求的梦想。从2008年开始,我以"童味教育"为理念,立足儿童立场,发现儿童、启迪儿童、成就儿童,从文化、管理、课程、课堂、教师、德育等六个维度进行了实践与探索,打造了具有浓浓"儿童味"的校园。

几年来,我先后编著出版了《让课堂教学多一点儿童味》《童真德育》《童味教育的姿态》等书籍,申报的课题《童味教育的精细设计与深度推进实践研究》获浙江省教育科学规划成果一等奖,学校也被浙江省教育厅授予"教科研孵化基地"之称号。

如今,在上海市教育科学研究院杨四耕老师的指导下,我将有关研究成果整理成《童味正醇:特色学校的文化图谱》一书并出版。这是我教育生涯中最有价值的一件事,也是我们对学校变革实践的经验总结。

真诚感谢乐清市教育局吴良成局长对我的支持,真诚感谢教育科科长章明郎先生以专业的视角引领我成长,真诚感谢浙江省特级教师、名校长潘春波教授对我的帮助!

郑仕林

二〇一九年七月于童味园

学校课程深度变革丛书

进入学科深处的六个秘密	978-7-5675-5810-6	28.00	2017年1月
新美课程：演绎生命之诗	978-7-5675-7552-3	48.00	2018年5月
跨界学习：学校课程变革的新取向	978-7-5675-7612-4	34.00	2018年6月
以学习为中心的课程实施	978-7-5675-7817-3	48.00	2018年8月
聚焦学习的课程评估：L-ADDER课程评估工具与应用	978-7-5675-7919-4	40.00	2018年11月
学科核心素养与学科课程群	978-7-5675-8339-9	48.00	2019年1月
大风车课程：童趣与想象	978-7-5675-8674-1	38.00	2019年3月
蒲公英课程：综合实践活动课程的校本创意与深度	978-7-5675-8673-4	52.00	2019年3月
MY课程：叩响儿童心灵	978-7-5675-7974-3	39.00	2018年10月
课程实施的10种模式	978-7-5675-8328-3	45.00	2019年1月
聚焦式课程变革：制度设计与深度推进	978-7-5675-8846-2	36.00	2019年4月
以素养为核心的学科课程图谱	978-7-5675-9041-0	58.00	2019年4月
全经验课程：在地文化与实践演绎	978-7-5675-8957-5	54.00	2019年6月

课堂教学转型丛书

上一堂灵魂渗着香的课	978-7-5675-3675-3	36.00	2015年8月
把课堂打造成梦的样子	978-7-5675-3645-6	26.00	2015年8月
整个世界都是教室	978-7-5675-5007-0	22.00	2016年6月
寻找课堂教学的文化基因	978-7-5675-5005-6	22.00	2016年5月
课堂是一种态度	978-7-5675-3871-9	28.00	2015年10月

给孩子最美好的东西　　　　　　　　978 - 7 - 5675 - 4200 - 6　30.00　2015 年 11 月
把每一个孩子深深吸引　　　　　　　978 - 7 - 5675 - 4150 - 4　24.00　2016 年 1 月
每一间教室都有梦　　　　　　　　　978 - 7 - 5675 - 4029 - 3　30.00　2015 年 10 月
课堂,可以春暖花开　　　　　　　　978 - 7 - 5675 - 3676 - 0　24.00　2015 年 10 月
课堂,与美相遇的地方　　　　　　　978 - 7 - 5675 - 5836 - 6　24.00　2017 年 1 月
赴一场思想的盛宴　　　　　　　　　978 - 7 - 5675 - 5838 - 0　28.00　2017 年 1 月
突破平面学习:神奇的"南苑学习单"　978 - 7 - 5675 - 5825 - 0　29.00　2017 年 1 月
让学习看得见:"226"教改实验研究　 978 - 7 - 5675 - 6214 - 1　32.00　2017 年 4 月
每一种意见都很重要:"责任课堂"的维度与操作
　　　　　　　　　　　　　　　　　978 - 7 - 5675 - 6216 - 5　30.00　2017 年 4 月

品质课程丛书

活跃的课程图景　　　　　　　　　　978 - 7 - 5675 - 6941 - 6　42.00　2017 年 11 月
课程情愫:学校课程发展的另类维度　 978 - 7 - 5675 - 7014 - 6　42.00　2017 年 11 月
突破大杂烩:有逻辑的学校课程变革　 978 - 7 - 5675 - 6998 - 0　52.00　2017 年 11 月
课程群:学习的深度聚焦　　　　　　978 - 7 - 5675 - 6981 - 2　45.00　2017 年 11 月
嵌入式课程:特色课程的路径和方略　 978 - 7 - 5675 - 6947 - 8　42.00　2017 年 11 月

课堂教学新样态

一百个孩子,一百个世界:基于差异的教学变革
　　　　　　　　　　　　　　　　　978 - 7 - 5675 - 6810 - 5　32.00　2017 年 10 月
让课堂洋溢生命感:L - O - V - E 教学法的精彩演绎
　　　　　　　　　　　　　　　　　978 - 7 - 5675 - 6977 - 5　32.00　2017 年 11 月
课堂如诗:"雅美课堂"的姿态　　　　978 - 7 - 5675 - 7219 - 5　36.00　2018 年 3 月

近处无教育	978-7-5675-7536-3	32.00	2018年3月
课堂,与美最近的距离	978-7-5675-7486-1	32.00	2018年4月
课堂,涵养生命的园圃	978-7-5675-7535-6	36.00	2018年6月
协同教学:意蕴与智慧	978-7-5675-8163-0	42.00	2018年9月
课堂不是一个盒子	978-7-5675-8004-6	38.00	2019年1月
在教室里眺望世界:基于BYOD的教学方式变革	978-7-5675-8247-7	48.00	2019年3月

特色学校聚焦丛书

每一个孩子都是一棵树	978-7-5675-6978-2	28.00	2018年1月
教育不是一个人的事:"众教育"36条	978-7-5675-7649-0	32.00	2018年8月
不一样的生命,一样的精彩	978-7-5675-8675-8	34.00	2019年3月

华东师范大学出版社
天猫旗舰店

华东师范大学出版社
官方微信

门市邮购电话:021-6286 9887 或 021-6173 0308
淘宝商城旗舰店:http://hdsdcbs.tmall.com
微信:华东师范大学出版社(ecnupress)
电子书目下载地址:www.ecnupress.com.cn